Anette Goebel

Nach dem Jakobsweg

Geschichten vom
und nach dem Pilgerweg

Projekte-Verlag
Cornelius GmbH

Impressum

1. Auflage
 • www.projekte-verlag.de
Mitglied im Börsenverein des Deutschen Buchhandels

Satz und Druck: Buchfabrik Halle • www.buchfabrik-halle.de

Umschlagfoto: Mit freundlicher Genehmigung von Hn. Dr. Martin Schulte-Kellinghaus (Fotograf), dem ich zufällig auf meiner letzten Tour begegnet bin.
www.schulte-kellinghaus.de

ISBN 978-3-86634-806-6
Preis: 14,95 EURO

Inhalt

Vorwort

Ich habe gemerkt, dass sich durch das Gehen auf dem Jakobusweg (nach meinen Pilgertouren) vieles in meinem Innern und auch in meinem persönlichen Umfeld positiv verändert hat.
Da andere Pilger mir das auf mein Nachfragen hin auch ihrerseits bestätigen konnten, entstand daraus die Idee, Erlebnis-/Erfahrungsberichte zu sammeln und daraus ein Buch entstehen zu lassen.
Ich entwickelte dazu einen Fragebogen, den ich über das Internet verbreitete. Unterstützt wurde ich dabei auch von vielen Jakobusvereinigungen im deutschsprachigen Raum.

Die Kernfragen zu diesem Buch waren:
- Was hat sich ca. einem Jahr nach Deiner Pilgerwanderung in Deinem Leben nachhaltig verändert?
- Hat Dir der Jakobusweg rückblickend geholfen, eventuelle Probleme zu klären?
- Gab es auf dem Weg ein herausragendes Erlebnis, das Dich nachhaltig geprägt hat?

Mich interessierte, wie das tägliche Gehen, das ‚einfache Leben' unterwegs, der Besuch der Kirchen, vielleicht auch das tägliche intensivere Beten, die Begegnungen mit anderen Menschen/Pilgern etc. prägt. Macht dieser Weg uns weiser, mutiger, selbstbewusster – wie können wir davon im Leben profitieren?
Dieses Buch soll dazu beitragen andere Neugierige zu motivieren, das Experiment ‚Jakobusweg' zu starten, um im besten Fall viele neue positive Eindrücke für sich und für den persönlichen Alltag zu gewinnen.
Die einzige Bedingung, an diesem Buchprojekt mitzumachen, war, die eigene Geschichte zu formulieren.
Für mich war es dabei unerheblich, ob die Pilgerreise zu Fuß, mit dem Fahrrad oder zu Pferd absolviert worden ist. Im Großen und Ganzen habe ich an den zugesandten Erzählungen nur sehr

wenig korrigiert. Dieses Buch ist kein literarisches Meisterwerk, sondern eine Sammlung von ausgesuchten authentischen Berichten einiger Pilger über ihre Pilgerzeit und die damit verbundenen persönlichen Veränderungen danach.
Es ist nicht leicht mit Worten auszudrücken, was genau auf dem Weg mit einem geschieht. Oft setzte ich mich mehrmals mit den Pilgern in Verbindung, die mir ihre Geschichte anvertrauten, um genauere Informationen zu erhalten. Ich bin sehr dankbar für die vielen Zuschriften und das große Vertrauen, das mir entgegengebracht wurde. Leider konnte ich wegen der Fülle der Zuschriften nicht alle eingesandten Berichte veröffentlichen.
Ich hoffe, die ausgewählten Geschichten geben zumindest in Konturen wider, was wir Pilger vom Weg an Geschenken erhalten können.
Meine persönlichen Erfahrungen sind zwischen den Geschichten der Pilger eingefügt und mit kursiven Titeln gekennzeichnet.
Ich selbst möchte mit meinen Erzählungen nichts aufarbeiten. Dies geschieht wie selbstverständlich während meines alljährlichen Pilgerns auf dem Camino bzw. danach. Aus diesem Grund bin ich auch nicht zu sehr auf persönliche Details eingegangen, natürlich auch, um ein bisschen meine Privatsphäre zu wahren. Ich bitte die Leser daher um Verständnis.

Buen Camino!

Meine bisherigen Pilgertouren auf dem Jakobsweg:

2004	Nürnberg – Ulm	(2 Wochen)
2005	Ulm – Konstanz	(2 Wochen)
2006	Konstanz – Genf	(3 Wochen)
2007	Genf – Le Puy	(3 Wochen)
2008	Le Puy – St.-Jean-Pied-de-Port	(5 Wochen)

Geplant:

2009	St.-Jean-Pied-de-Port – León	(3 Wochen)
2010	León – Santiago de Compostela	(3 Wochen)

Auf dem Fränkischen Jakobsweg:

2007	Lichtenfels – Hallerndorf	(3 Tage)
2008	Hallerndorf – Nürnberg	(3 Tage)

Die ersten Schritte

Inspiriert zum Pilgern wurde ich – wie so viele – durch Hape Kerkeling. Zufällig sah ich im Januar 2004 das Interview mit Sandra Maischberger. Sein Bericht über seine Pilgertour berührte mich in der Art, dass ich spontan entschied, meinen diesjährigen Urlaub genauso zu verbringen. In meiner damaligen Situation schien es mir genau das Richtige zu sein. Ich, die vorher niemals gewandert war, ja, sogar eine große Abneigung dagegen empfand, einfach so in der Landschaft umherzuspazieren, wollte nun genau damit den Ballast des letzten Jahres loswerden.
Die letzten Monate hatten einiges von mir abverlangt: Der Tod meiner Mutter (mein Vater war einige Jahre zuvor ebenfalls an multiplen Krebserkrankungen verstorben), die Trennung vom Partner und das freiwillige Loslassen von einigen Menschen, die einfach nicht mehr in mein Leben zu passen schienen, hinzu kamen noch weitere Sterbefälle im gleichen Jahr.
Trotz dem, dass ich zumindest hinter den freiwillig eingeleiteten Trennungen stand, zerrüttete dies zusammen mit den Sterbefällen meine gesamte Basis. Sie hatte tiefe Risse bekommen.
Es war mir klar, es war nicht damit getan, einfach so wieder in den Alltag überzugehen. Ich hatte das Gefühl, es müsse etwas wirklich Verrücktes passieren, etwas nie da Gewesenes geschehen, um mich innerlich wieder geradezurücken.

Verrückt genug war die Entscheidung, auf dem Jakobsweg zu pilgern, jedenfalls für mich, da ich Wandern eher mit großer Anstrengung, Langsamkeit und viel Langeweile verband und diese Aktivität schon deswegen früher total ablehnte. Auch in Gesellschaft lösten damals schon kürzere Spaziergänge in mir, na sagen wir mal, ein Unwohlsein aus. Auf der anderen Seite hatte ich eine Vorliebe fürs Joggen oder schnelle Gehen über längere Wegstrecken entwickelt. Dabei konnte ich wunderbar über anstehende Entscheidungen nachdenken oder gute Lösungen für Probleme finden. Es waren diese zügigen Bewegungen über ca. eine Stunde,

die ich brauchte, um eine gewisse Klarheit zu bekommen. Zeit und Bewegung, wenn auch nicht ganz so schnell, würde ich beim Pilgern genügend haben.
Außerdem war ich durch den Bericht von Herrn Kerkeling neugierig darauf geworden, was solch ein Unterfangen mit mir machen würde. Es war also gewissermaßen ein Experiment zur Selbstfindung. Ich suchte eine Antwort auf viele Fragen: Wie würde ich mit unverhofften Situationen umgehen? Was wäre, wenn ich mich mal verlaufen würde? Hätte ich genügend Durchhaltevermögen bzw. würde ich mich zum Weitergehen motivieren können, wenn es mal nicht so gut lief? Und und und …
Und nicht zuletzt fragte ich mich, was dies alles für mein Leben, meinen Alltag bringen würde? Konnte ich mir damit eine neue Basis schaffen, konnte ich neue Kraft aus diesen Tagen schöpfen? War es möglich, die neuen Erfahrungen in die Zeit danach einzubinden?
Trotz der vielen fehlenden Antworten empfand ich es eher spannend als ängstigend, mich nicht mit zu viel Informationen vorher einzudecken; so blieb noch viel Raum für meine eigenen Erfahrungen, mein eigenes Erleben. Natürlich spielte ich innerlich auch ein paar Horror-Szenarien ab, die ich dann aber gleich wieder verwarf und mich damit beruhigte, ich könne ja jederzeit wieder abbrechen.
Freunde und Verwandte waren schon etwas irritiert von meiner Idee. Ich betonte ja auch stets, dass ich für das Wandern oder Spazierengehen nicht unbedingt ein Faible hatte. Außerdem kam natürlich oft die Frage, ob ich denn keine Angst hätte, so ganz alleine loszulaufen. Aber da hatte ich ganz klare Vorstellungen. Ich war ganz sicher, dass wenn mir etwas passieren sollte, es mir überall geschehen würde, ob ich nun allein im Wald war, allein in der Wohnung, allein auf der Straße oder sonst irgendwo. Dieser Glaube ist ganz tief in mir verwurzelt und lässt bis heute keine Angst, was das betrifft zu.

Es war für mich von Anfang an klar, dass ich nicht wie so viele in Saint-Jean-Pied-de-Port starten würde, sondern in Deutschland, genauer: in Nürnberg, in der Nähe meines Wohnortes. Ich plante zwei Wochen für die Strecke von Nürnberg nach Ulm, etwa 250

Kilometer. Wunderbarer Weise war Ulm gewissermaßen meine Heimatstadt. Ich war in Neu-Ulm aufgewachsen und hatte dort auch einige Verwandte. So war dieses Etappenziel wie für mich gemacht. Ich ließ mir damit natürlich auch das Hintertürchen offen, ohne größere Komplikationen mit dem Zug wieder locker zurückfahren zu können, sollte ich es nicht schaffen oder die Lust daran verlieren. Ein weiterer Aspekt für diese Entscheidung war, dass es keine sprachlichen Barrieren gab. Die gab es freilich auf meinen späteren Reisen auch nicht wirklich, aber damals spürte ich noch leises Unbehagen deswegen.

Die einzigen Informationen zum Jakobsweg von Nürnberg bis Ulm bekam ich von Frau Gerhilde Fleischer, zu deren Namen mich das Internet führte. Sie hatte den Weg von Nürnberg nach Konstanz markiert und auch vier Büchlein mit einer Wegbeschreibung herausgegeben. Ich rief sie an und erkundigte mich danach, ob ich denn auch als Single-Pilgerin den Weg gehen könnte. Sie riet mir absolut dazu und gab mir zusätzlich noch ein paar Tipps betreffs Rucksackkauf, -inhalt und Schuhen. Per Post bekam ich von ihr weitere Informationen und eine Unterkunftsliste.
Ich las vorher nur ein Buch über den Jakobsweg, das von einer Frau geschrieben wurde, die den Weg mehrmals mit dem Fahrrad gepilgert war. Es hat mich schon beeindruckt, aber ich konnte nicht viele Vergleiche mit mir ziehen, da ich ja zu Fuß pilgern wollte und es das erste Mal für mich war.

Voller Tatendrang ging ich eine Woche nach meinem Fernsehevent zum Outdoorladen. Dort erwarb ich einen Rucksack, Wanderstöcke und gutes Schuhwerk. Trainiert habe ich sehr wenig. Ich wollte es ‚drauf ankommen lassen'. Auf Mikrofaserkleidung habe ich komplett verzichtet, weil ich keine hatte und eben erst schauen wollte, was so eine Tour mit mir macht. Zwei Paar Jeans, T-Shirts und Regenjacke würden fürs Erste reichen.
Ein paar Monate später – im Sommer 2004 – war es dann soweit. Mit einer Wegbeschreibung von Gerhilde Fleischer und einer Wanderkarte machte ich mich auf den Weg.

Ich erinnere mich noch gut an den ersten Tag. Ich wachte gegen vier Uhr morgens mit heftigem Herzklopfen auf. Mir war ganz elend. Ich konnte es einfach nicht fassen, dass ich auf diese Art und Weise meinen Urlaub verbringen wollte und machte mir deswegen die größten Vorwürfe. Ich hatte schlichtweg Angst vor meiner eigenen Courage. Noch auf dem Bett sitzend, überlegte ich mir Strategien, aus diesem Dilemma wieder herauszukommen. Eine ganze Menge Leute wussten bereits von meinem Vorhaben. Ich wollte sie nicht mit irgendwelchen Ausreden anlügen, mich jetzt doch so ganz plötzlich für einen Strandurlaub entschieden zu haben. Kurzum, es fiel mir keine wirklich gute anständige Ausrede ein, mich meinem Vorhaben zu entziehen. So resignierte ich innerlich und machte mich trotz großer innerer Unruhe und leichter Panik reisefertig. Gegen 6.00 Uhr morgens sollte mich ein Zug nach Nürnberg bringen.
Ehrlich gesagt, genierte ich mich ein wenig, mit dem riesigen Rucksack auf dem Rücken zum Bahnhof zu gehen. Er passte einfach nicht zu mir – die ganze Wallfahrt passte nicht zu mir. Ich war sehr

Muschelsymbol

froh darüber, dass sich so wenige Leute auf der Straße befanden und mich sehen konnten. Es war mir alles plötzlich irgendwie peinlich, ich fühlte mich insgesamt sehr unwohl. Die Wanderstöcke, die ich außen am Rucksack befestigt hatte, packte ich erst gar nicht aus. Wozu brauchte ich überhaupt Stöcke, ich war doch nicht gehbehindert? In Nürnberg angekommen, machte ich trotz allen Unmuts meine ersten Schritte Richtung Santiago de Compostela. Und wie durch ein Wunder verschwanden augenblicklich alle Panik, alles Unwohlsein, alle Zweifel. An dessen Stelle traten eine tiefe Freude, eine positive Erwartungsspannung und die pure Abenteuerlust. Ich wollte es schaffen; ich wollte in Ulm ankommen – unbedingt!

Sich-auf-den-Weg-machen

Anika J.

Meine Pilgerreise liegt noch nicht einmal zwei Monate zurück, und doch habe ich bemerkt, dass sich einiges geändert hat.
Ich habe gelernt, dass es wichtig ist im Leben, den ersten Schritt zu machen und nie aufzugeben, immer vorwärts zu kommen, was ja in dem Sinne als Parabel zum Pilgern gesehen werden kann.
Ich bin geistig reifer und erfahrener geworden, habe erkannt, was ich brauche und was gut für mich ist, z. B. nicht in die Disco zu gehen, nur um ‚dabei zu sein', obwohl ich ganz und gar nicht die Discogängerin bin.
Zudem ist mir bewusst geworden, dass ich Vertrauen zu mir haben muss, wenn ich etwas im Leben erreichen will ... und dass ich trotz häufigem Alleinsein ja immer noch mich selbst habe. Danach versuche ich jetzt nach dem Pilgern zu leben, auch wenn es durch die Einsamkeit schwer fällt. (Ich bin schon seit vielen Jahren sehnsüchtig auf Partnersuche, hatte auch gehofft, beim Pilgern jemandem zu begegnen, was leider nicht geschehen und im Alltag durch meine Homosexualität eher schwierig ist).
Außerdem ist es wichtig für mich geworden, über Dinge nicht nur nachzudenken, sondern sie einfach auszuprobieren. Auf der Hälfte meiner Reise hatte ich ein seelisches Tief. Ich fragte mich:

Wozu das Pilgern, was hat es für einen Sinn, warum all diese finanziellen Investitionen und körperlichen Strapazen? Ich wollte nach Hause, dort schien mir alles so viel einfacher. Aber ich habe mir gesagt: „Wenn Du nicht weiterpilgerst, wirst Du nie dessen Sinn erfahren! Dein Ziel ist Vacha“ (auf dem ökumenischen Jakobsweg von Görlitz nach Vacha) „und dahin zu laufen, aber nicht wegzulaufen“, und so bin ich zweifelnd doch weitergepilgert. Eines Tages fand ich ihn schließlich, den Sinn des Pilgerns und empfand wieder Freude beim Laufen. Es ist schwierig, den Sinn in Worte zu fassen, es ist das Sich-auf-den-Weg-machen, einfach den ersten Schritt tun, durchzuhalten und irgendwann das Ziel zu erreichen. Man muß es einfach selbst tun, um das Geheimnis des Pilgerns zu erfahren, finde ich.
Die Erinnerung an das Pilgern hilft mir, besser mit meiner Einsamkeit zurechtzukommen und Vertrauen zu mir zu haben, wie auch den ersten Schritt zu machen und niemals aufzugeben.
Die kleinen Wunder, das waren immer Dinge, mit denen man nie gerechnet hätte. Ein Pilger, den ich ganz plötzlich und unverhofft wieder getroffen habe, obwohl ich schon glaubte, ich werde ihm auf dem Weg nicht mehr wieder begegnen.
Dann gab es einen Pilger, der hatte seinen wertvollen Gürtel in einer Herberge verloren, als zwei Stunden später ein Mann auf dem Fahrrad kam und ihn ihm zurückbrachte. Zufall? Wohl kaum.
Dass ich in den Gästebüchern Namen lesen konnte, die ich schon vom Internetforum kannte oder aus anderen Gästebüchern, war auch ein schönes Erlebnis. Da dachte ich mir immer: „Hey, schon so viele sind diesen Pilgerweg gegangen und du bist ein Teil davon.“
Ich glaube ja nicht an Gott und dass alles vorherbestimmt ist, aber in solchen Momenten glaubte ich an die kleinen Wunder. Wirklich kleine, wie einen Heidelbeerstrauch mit vielen Früchten, ein Schmetterling, der mich ein Stück des Weges begleitet hat. Auf so kleine Details achtet man bei so einer Sache wie dem Pilgern viel mehr, als man es sonst tun würde.

Die Peinlichkeit, die Wanderstöcke zu benutzen, hatte sich relativ schnell erledigt, als ich merkte, dass dadurch mein Rucksack um ein erhebliches Maß leichter und meine Schritte sicherer wurden.
Das Gewicht des Rucksacks war nur anfangs ein Problem. Ich hatte ihn zwar nach einer Packliste zusammengestellt, aber das eine oder andere doch noch hinzugefügt, wie z. B. meinen allseits und jedes Jahr aufs Neue belächelte Reisehaarfön. Außerdem hatte ich Massen an Essbarem eingepackt, sechs Äpfel, etliche belegte Brötchen, Süßigkeiten, ein paar Packungen Nüsse und etwa zwei Liter Wasser. Wenn ich etwas nicht mochte, dann war es das Gefühl, Hunger zu haben. Es war klar, dass meine Angst, nirgendwo etwas zum Essen zu bekommen, unbegründet und völlig überzogen war. Nachdem ich das Meiste verzehrt hatte, kam ich unterwegs mit ein bisschen Obst, zwei Brötchen und natürlich reichlich Wasser gut zurecht. Für Notfälle hatte ich immer noch die Nüsse.

Faszination Wallfahrt

Annemarie G.

Warum fasziniert mich der Jakobsweg so sehr? Ich kann es nicht erklären.
Ich habe den Jakobsweg lange geplant. Man sollte auf den Weg vorbereitet sein, sowohl was die richtige Ausrüstung angeht als auch, und das ist vielleicht noch wichtiger, mental. Das Vorhaben ‚Jakobsweg' muss reifen. Wenn man den Jakobsweg geht, hat man für eine bestimmte Zeit ein anderes Leben: Man weiß ganz genau, was man zu tun hat, nämlich gehen. Es ist nicht wichtig, wie man aussieht, wie das Wetter ist, was man anziehen soll – alle Menschen um einen herum haben das gleiche Ziel: der Weg führt in eine Richtung. Es kommt Dir eigentlich fast niemand entgegen.

Aber der Weg ist so lang, dass alle Platz haben und keiner durch andere gestört ist. Wir sind fast immer so lange gegangen, bis es Abend wurde und wir auch unsere Grenzen in körperlicher Hinsicht erreicht hatten. Die Frage, ob wir noch ein Bett für die Nacht bekämen, hat uns nie besorgt. Von solcher Panikmache ließen wir uns nicht anstecken. Der Weg sorgt für alle.
Was auch ungeheuer schön ist, ist der Kontakt zu den anderen Pilgern. Man trifft immer wieder dieselben Menschen, obwohl sie einen ganz anderen Rhythmus gehen wie Du und man keinen Treffpunkt ausmacht.
Wir wurden von oben beschützt. Wir haben uns auch mit anderen Pilgern unterhalten, warum sie auf dem Jakobsweg gehen. Ein Pilger suchte lange nach einer Antwort. Er kam dann zu dem Entschluss, dass man etwas Wichtiges im Leben versäumt, wenn man sich einmal vorgenommen hat, den Jakobsweg zu gehen, und es dann doch nicht tut. Ich habe auch mit Pilgern gesprochen, denen es körperlich sehr schlecht ergangen ist und die trotzdem gesagt haben, das war ihre schönste Zeit. Der Jakobsweg zeigt uns, dass wir viel schaffen können.
Mein Leben ist natürlich das gleiche geblieben. Aber ich erinnere mich immer noch gerne und oft an den Jakobsweg. Ich unternehme zwei Mal im Jahr eine Wallfahrt zu Fuß (35 bzw. 45 Kilometer), und ich habe auch schon viele Wallfahrten mit dem Bus oder Flugzeug unter geistlicher Leitung (Israel, Međugorje, etc.) unternommen. Der Jakobsweg war und ist für mich aber etwas Einzigartiges, Unvergleichliches.
Ich bin den Weg 2006 gegangen und ich schöpfe immer noch Kraft aus meinen Erfahrungen. Seit einem Jahr lerne ich jetzt sogar die spanische Sprache, man kann ja nie wissen ...

Umwege erhöhen die Ortskenntnis

Da ich mich auf meiner ersten Jahres-Etappe nach Ulm fast jeden Tag verlaufen hatte, bekam ich dementsprechend eine gewaltige Portion davon ab. So orientierungslos ich damals im Leben war, so hilflos war ich beim Finden des richtigen Weges, trotz Wegbeschreibung, Karte und zusätzlichem Kompass. Es war wie verhext. Jeden Abend, wenn ich endlich mein Quartier gefunden hatte und die nötigen Arbeiten: Duschen, Einkaufen, Waschen, den Pilgerausweis mit einem Stempel versehen, verrichtet waren, studierte ich die Route für den nächsten Tag. Und trotzdem war es mir nur an sehr wenigen Tagen möglich, auf Anhieb an meinem Tagesziel anzukommen.
Erstaunlich war für mich jedoch, wie viele hilfsbereite Menschen es gibt. Das hat mich wirklich tief beeindruckt. Es gab Bauern, die hüpften, wild mit den Armen ruderten und schrien, um mir von Weitem klar zu machen, dass ich mich nicht mehr auf dem Jakobsweg befand. Sie erkannten mich wohl an meinem Rucksack und meinen suchenden Blicken. Andere wiederum änderten spontan ihren routinierten Morgen- oder Mittagsspaziergang mit dem Hund und suchten mit mir die nächste Wegmarkierung. Dort wurde ich, stets mit guten Wünschen versehen, wieder auf den Weg geschickt. Es war unglaublich bereichernd für mich, so viele gute Worte von diesen fremden Menschen zu bekommen. Ich war jedes Mal aufs Neue tief berührt. Ein Ehepaar hatte mich nach einer riesigen Verlaufaktion über eine Stunde. mit den Worten begleitet: „Wir bringen Sie jetzt wieder auf den richtigen Weg!" Was für eine Symbolik! Sollte es in meinem Leben auch so viele Menschen geben, die mich auf den richtigen Weg bringen wollten? Vielleicht müsste ich sie einfach nur mal um Hilfe bitten. So lustig das auch klingen mag, durch dieses beinahe tägliche Fragen von mir wildfremden Menschen nach dem richtigen Weg bekam ich Übung. Traute ich mir früher nur selten zu, dass jemand von einem Missgeschick erfuhr, so egal war mir das jetzt auf dem Weg. Ich wollte schließlich ans Ziel kommen.

Gerade auf meiner ersten Tour habe ich für das Leben ‚danach' gelernt, bei Unklarheiten, wenn nötig auch ein zweites oder drittes Mal nachzufragen, ungeachtet dessen, dass ich damit Gefahr laufe, den Stempel aufgedrückt zu bekommen, neuronal langsam zu sein. Ich habe gelernt, um Hilfe zu bitten und, wenn nötig, mich darum zu kümmern, dass ich sie auch bekomme.
In der Regel musste ich die Leute gar nicht lange bitten. Geradezu bereitwillig gaben sie mir ihre Ratschläge und Beschreibungen mit auf den Weg. Ich bekam das Gefühl, dass all diese freundlichen Menschen persönlich Anteil an meiner Reise nehmen wollten.
Sogar einige Autofahrer hielten am Straßenrand an, als sie mich als Pilgerin erkannten. Meist waren sie selber schon auf dem *Camino* (spanisch für: Weg, Pfad) unterwegs gewesen. Wir unterhielten uns einige Minuten und tauschten unsere Erfahrungen aus, dann trennten sich unsere Wege wieder, nicht aber ohne eine kurze Beschreibung der vor mir liegenden Wegstrecke. Ich lehnte es stets ab, wenn das Angebot zum Mitnehmen kam. Es kam für mich trotz der Strapazen nicht in Frage. Obwohl ich in Deutschland nur eine einzige Pilgerin traf, so waren es hier Unzählige, die mich ansprachen, Interesse zeigten oder sich für meine Beweggründe interessierten. Beweggründe – dieses Wort drückt ja schon so vieles aus.

Meine Heimat ist nirgendwo und überall

Walter O.

Ich begann mit dem Pilgern ganz behutsam, sozusagen auf Probe. Initiiert wurden meine Gedanken anlässlich eines Dia-Vortrages: die Bilder der Landschaften faszinierten mich, sowie während einer ersten Tagesetappe von Konstanz/Kreuzlingen nach Märstetten. Nachher wurde ich ganz unvorhergesehen vom *Swissair-Grounding* (Untergang der Swissair) sehr stark beeinflusst. Das Schweizerkreuz ist seither damit emotional verbunden.
In den nächsten beiden Jahren bot sich die Gelegenheit, mit einer Gruppe aus unserem Vorort tageweise oder an Wochenenden

durch die Schweiz zu pilgern. Ich merkte einfach, das tut mir gut. Es gab mir Energie, befreite mich von gedanklichem Ballast. Mit jedem Schritt kam etwas Neues dazu, und etwas Altes ließ ich hinter mir. Der Entschluss reifte: „Ich pilgere weiter!"

Zusammen mit drei weiteren Kollegen aus der Gruppe pilgerten wir in den nächsten beiden Jahren von Genf nach Le Puy-en-Velay und von dort nach Cahors. Wir pilgerten durch Gegenden, in die wir sonst nie gegangen wären. Die Faszination für das Unbekannte erwachte wieder einmal. Unbekanntes wagen heißt auch, auf Bekanntes zu verzichten. Unbekanntes zu erleben stärkt; es bringt einen Gewinn an Sicherheit. Das Paradoxe wird einem klar: Je stärker man auf Sicherheit bedacht ist, desto mehr wird man verunsichert und umgekehrt.
Während die Etappen in der Schweiz von der Landschaft her sehr beeindruckend waren, ist es nun in Frankreich die Einsamkeit, die ab Genf zunimmt und in den Hochebenen und Hügeln des Aubrac ihren Höhepunkt erreicht. Unberührte Landschaften mit munteren Flüsschen durchzogen, blauer Himmel, weiße Wolken und im Hintergrund die Gipfel des Zentralmassivs lassen einen einfach (?) erscheinen. Leben heißt Veränderung, und für mich ist klar, im nächsten Jahr komme ich zurück nach Cahors und pilgere weiter, während meine drei Kollegen sich wieder anders orientieren werden.

Erstmals allein, nahm ich im folgenden Jahr die Etappe nach Saint-Jean-Pied-de-Port in Angriff, wiederum mehr Unbekanntes, und das Bekannte reduziert sich dadurch immer mehr. Begegnungen wechseln sich ab mit mehr Zeit für mich selbst. Ich beginne das Alleinsein mehr zu lieben. Ich werde mir der Unterschiede zwischen dem Pilgern in einer Kleingruppe und allein immer bewusster. Während im ersten Fall unsere Gespräche mehrheitlich immer in der Gruppe stattfanden und wir wenig offen waren für Kontakte mit anderen, so trifft man als allein Pilgernder immer wieder auf andere Gleichgesinnte. Die Begegnungen werden vielseitiger und offener.

Als Unterkünfte wähle ich eher „Gîtes" und „Table d'hotes" und weniger die einfachen Pensionen als in der Kleingruppe. Für mich wird der Weg zu einer ‚Freiheitsbe-Weg-ung', und der Weg kommt mir als Modell des Lebens vor: Es beginnt zu Hause und endet irgendwo. Dazwischen gibt es viele Entwicklungen, die ihren Höhepunkt erreichen und dann wieder nach Neuem rufen. Auf dieser Etappe gefallen mir auch die früher befestigten Städtchen sehr, und ich lasse mir manchmal auch einfach Zeit bei einem Kaffee. Ich stelle mir dabei das Mittelalter in gedanklichen Bildern vor. Ich verliere mich auch in Fragen, welche Motive es geben könnte, den Jakobsweg zu gehen. Meine Antworten bis jetzt sind: Sport, Religion, Kultur, Naturverbundenheit, Ferien, Abenteuerlust, Begegnung, Esoterik, dynamische Meditation, Neuorientierung, Mystik, Modeströmung und Psychologie.
Langsam ändert sich wieder die Landschaft, und das französische Baskenland erinnert mich zeitweise an Teile in der Schweiz. Ich spüre den Stolz und die Freiheitsliebe der Basken. Die Pyrenäen bilden während der Tage eine Bilderbuchkulisse vor mir. Dort am Fuße der Berge werde ich dieses Jahr mein Pilgern beenden. Ich lasse meine Etappe langsam ausklingen und verbringe einen Zusatztag in Bayonne, der Hauptstadt des französischen Baskenlandes, und am Atlantik. Eine angenehme Mischung aus Abschied und Freude auf das Wiederkommen im nächsten Jahr begleitet mich auf der Rückfahrt mit dem Zug nach Hause. Seit dem *Swissair-Grounding* ist meine Heimat nirgendwo und überall. Die blaue Europaflagge mit den goldenen Sternen ist mir sympathischer geworden als das Schweizerkreuz. Und ich merke, dass meine früheren Heimatgefühle nur Fesseln waren, bequeme Fesseln allerdings. Und wie weit laufe ich im nächsten Jahr? Im Durchschnitt ergeben für mich 22 Kilometer pro Tag angenehme Etappen, bei denen ich notfalls immer noch persönliche Leistungsreserven habe und die mir auch für das Kulturelle am Weg Zeit lassen.

Als ich nach einem Jahr meine Wohnung erneut verlasse, entschwindet auf der Reise Bekanntes immer mehr und je näher ich nach Bayonne komme, desto mehr fühle ich mich vertrauter in der Umgebung. Es ist ein Weggehen und ein Zurückkommen zugleich. Und ebenso langsam, wie ich aufgehört hatte, beginne ich auch die neue Etappe. Ich übernachte nochmals auf der französischen Seite der Pyrenäen, bevor ich auf der ‚Route Napoleon' nach Spanien pilgere. Ich bin noch nicht ganz da und doch angekommen. Nach etwa drei Tagen merke ich, der Weg in Spanien ist anders als ich ihn von den letzten drei Jahren in Frankreich in Erinnerung habe.

Hier wird er zum Weg der Begegnungen. Sanft läuft er von den wunderbaren Bergen durch malerische und hügelige Gebiete in eine Gegend, in der man die unendlich scheinende Weite lieben lernt. Ich fühle mich frei und laufe fast wie von Flügeln getragen, genau wie auch die Pilgerin neben mir. Der Weg ist so vielseitig wie das Leben. Jede Landschaft hat ihren eigenen Reiz. Alle empfinden anders, alle haben verschiedene Präferenzen, unterschiedliche Beweggründe, alle haben ihre Sorgen und Freuden. Wenn alle anders sind, sind ja alle deswegen auch wieder gleich, gleich anders.

Warum merkt man Sympathien in den ersten fünf Minuten? Ich kenne viele Antworten, aber auf diese Frage weiß ich sie nicht. Werde ich sie je wissen können? Muss ich sie wissen können? An einem Platz hat jemand Tee, Kaffee und Gebäck hingestellt. Die zehn Pilgerinnen und Pilger plaudern, wie wenn sie sich schon jahrelang kennen würden, aber sie haben sich vielleicht am heutigen Tag erstmals getroffen oder einmal während einer früheren Etappe. Ein Gruppenfoto von diesem Ort mit Pilgernden aus Deutschland, Frankreich, Ungarn, Monaco und der Schweiz veranschaulicht für mich sehr gut das Völker verbindende Element des Jakobsweges.

Langsam wiederholt sich das Ankommen – ein Ankommen an einem immer wieder neuen Ort. Es gab am Anfang Tage, in denen ich zeitweise mit einer Pilgerin aus Hamburg-Altona zusammen gelaufen bin. In Torres del Rio hat Sie mir eine Glace spendiert. Sie hat ähnliche, aber auch viele andere Interessen als ich. War das das Verbindende? Ich habe sie nie mehr gesehen, aber plötzlich, am letzten Nachmittag in Sahagún, steht sie vor mir. So erhielten wir die Gelegenheit, uns für die gemeinsame Zeit zu bedanken. So schön kann ein Ende einer Pilgeretappe auch sein. Wie geht es weiter? Ihre spontanen, einfachen und klaren Worte klingen unvergesslich: „Weiterhin ein gutes Leben führen. Jedes Jahr kann ich etwas hinter mir lassen, das sich so über die Zeit ansammelt, und jedes Jahr werde ich reicher."

Im Hier und Jetzt

Ein weiteres Phänomen war, dass ich wie niemals zuvor im Hier und Jetzt lebte. Wenn ich morgens zur nächsten Etappe losmarschierte, verblasste der Ausgangsort. Ich konzentrierte mich auf den Weg, auf die Zeichen und auf mein Tagesziel, das ich erreichen wollte. Einmal fragte mich ein freundlicher Herr interessiert, wo ich denn her käme. Mir fiel partout der Ort nicht mehr ein, von dem ich meine neue Tagesetappe gestartet hatte, obwohl ich erst eine knappe Stunde unterwegs war. Ich sagte damals zu ihm: „Ich weiß noch meinen Namen und ich weiß ungefähr, wo ich mich befinde und ganz genau, wo ich hin möchte." Alles andere schien damals belanglos, war vergangen und nicht mehr wichtig. Ich glaube, ich habe auf ihn etwas merkwürdig gewirkt …

> Wandrer, deine Tritte sind der Weg, und nichts sonst.
> Wandrer, Weg gibt es nicht,
> Weg wird Schritt für Schritt.
> Schritte werden Weg,
> und im Blick zurück
> siehst du den Pfad,
> nie wieder zu schreiten.
> Wandrer Weg gibt es nicht,
> nur Kielwasser auf See.
>
> (Original in spanisch von Antonio Machado (1875-1939), deutsche Übersetzung: Barbara Haab)*

Meine Gedanken waren beim Gehen auf das Wesentliche reduziert, nämlich, meinen Weg nicht aus den Augen zu verlieren. Dadurch, dass ich mich ständig zu orientieren suchte, nach den Zeichen Ausschau hielt, war mein Leben mit all den traumatischen Ereignissen aus meinem Sichtbereich weggerückt. Es ging mir nicht darum, unangenehme Lebensinhalte zu vergessen oder

zu verdrängen, sondern sie mit dem nötigen Abstand wahrzunehmen und mich – wenn möglich – daraus zu befreien.
Ich wollte mich neu kennen lernen, neu entdecken. Hier konnte mich aus meinen Kleidern schälen, die nicht ganz zu mir passten und ganz ich selber sein.
Es war gewissermaßen ein befristetes Aussteigen, ein befristeter Wechsel in eine andere Realität, um dann durch diesen Abstand zu erkennen, was wirklich wichtig für mich und mein Leben ist und wer ich bin.

Vergänglichkeit

Renate M.

Die „Schritt-für-Schritt-Mentalität" ist schon ausgeprägter als vorher. Ich würde sagen, dass Dinge, die mir intellektuell vielleicht schon klar waren, nun körperlich erfahrbar wurden.
Spanien von Süden nach Norden zu Fuß zu durchqueren, so viele Kilometer, das war zu Beginn nicht vorstellbar, nicht begreifbar für mich. Ich glaube schon, dass mir diese Erfahrung hilft, manches Vorhaben jetzt in Etappen zu denken. Ein sehr einfaches Beispiel mag das Folgende sein:
In einem Workshop, an dem ich im Sommer teilnahm, sollten wir 35 Seiten mit der Hand abschreiben. Meine Güte! Aber statt meinen Widerständen nachzugeben und die Aufgabe gar nicht zu machen, habe ich irgendwann einfach angefangen zu schreiben: Wort für Wort, Satz für Satz ... in Etappen, die für mich machbar waren. Ich habe es geschafft! Ich wusste natürlich schon vor dem Pilgerweg, dass alles seine Zeit braucht. Wichtig ist, einen Schritt nach dem anderen zu tun, auf dem Weg, wie auch jetzt. Ich weiß, dass ich nächstes Jahr aus meiner jetzigen Arbeit aussteigen will und bin jetzt sozusagen unterwegs auf dem Weg dorthin.
Das gleiche gilt für „Vergänglichkeit". Ich war schon einige Etappen in dichtem Nebel unterwegs; insbesondere die beiden Passüberquerungen habe ich mit geringer Sicht zu jeder Seite gemacht. Im Pilgerführer stand z. B., dass die Anstrengung mit einem phantasti-

schen Panorama belohnt würde. Das hatte ich nicht. Und letztendlich war es auch nicht wichtig, was rechts und links des Weges im Nebel verborgen war. Ich wusste ja, wo ich hinwollte. Durch den Nebel gab es auch oft keinen Blick zurück. Was ich verlassen hatte (z. B. Ourense), war vergangen, verdeckt von Wolken.

Zur Erfahrung von Vergänglichkeit kann ich nur sagen, dass ich deutlich gespürt habe, dass das, was ich im Moment nicht mache oder sage, wenn ich mit Menschen zusammen bin, oder wenn ich mich an bestimmten Orten befinde, nicht auf später verschieben kann. Weil ich nicht weiß, ob ich noch einmal zurückkomme oder weil der Ort, die Menschen und ich verändert sein werden. Detaillierter kann ich es Dir im Moment nicht beschreiben.

Ein weiteres, vielleicht banal klingendes Beispiel für eine innere Veränderung: Kürzlich war ich hier in der Stadt mit dem Fahrrad unterwegs, es regnete wie aus Kübeln. Ich wurde durch und durch nass, und in mir stieg dieses freudige Gefühl hoch, endlich mal wieder nass zu werden. Ich fühlte mich so „umprogrammiert" und bin mir sicher, dass es mit der Pilgerwanderung zusammenhängt. Mit umprogrammiert meine ich, dass mich das „schlechte" Wetter gar nicht betrübt oder geärgert hat. Ich war auf der Via de la Plata (Jakobsweg von Sevilla nach Santiago) sehr viel im Regen und Nebel unterwegs, wurde zu Beginn auch nass bis auf die Knochen. Erst mit der Zeit habe ich gelernt, wie ich meine Kleidung und die Schuhe über Nacht wieder trocken bekomme, z. B.indem ich mir im Notfall bei jemandem im Dorf ein Öfchen leihe und immer gleich nach Zeitungspapier frage etc. An manchen trockenen Tagen bin ich dann auch mal extra in Pfützen gehüpft um das ‚Splish-splash' zu hören. Das fand ich schon verrückt, weil ich eben – vermutlich auch in Erwartung freundlicher andalusischer Sonne – doch ziemlich über den Regen überrascht war und den unglaublich schweren Schlamm unter meinen Schuhen. Und natürlich war das für mich als untrainierter Mensch schon eine ganz tolle Erfahrung – insbesondere auf den letzten Etappen des Weges von Santiago nach Muxia – zu merken, dass ich mehr als dreißig Kilometer bei stürmischem Wetter einfach gehen kann und zudem auch noch glücklich und zufrieden bin. Ich glaube, dass diese

Erfahrung kurzzeitig zurückkam, als ich auf dem Fahrrad im Regen auf einer dicht befahrenen Straße hier unterwegs war. Außerdem finde ich im Nachhinein, dass ich großes Glück hatte. Ich wurde überall sehr freundlich und wohlwollend aufgenommen und ich war bis auf die eine – wirklich winzige Situation – angstfrei. Nicht zuletzt war es eine große Freude für mich, wieder Spanisch sprechen zu können.

Lebenslektion

Eines Tages, ich hatte mich wieder einmal verlaufen, saß ich auf einem umgefallenen Baum mitten im Wald und war einfach nur noch verzweifelt. Es war sehr heiß, und ich wusste, ich musste diesen Berg hinunter laufen, über eine Straße, und dann ging es wieder einen Berg hinauf. Leider hatte ich keine Ahnung, wo genau ich mich befand und somit war die Auswahl, welchen Hügel ich erklimmen sollte, reine Glücksache. Die Straße konnte ich von Weitem schon erkennen. Mir war ganz elend zumute. Dazu machte sich auch noch Gefühl des Selbstmitleids breit, und ich fing an, mich und meine Lage ordentlich zu bedauern: Ich wäre ja so allein, wäre doch jemand da, wäre ich doch nicht allein losgezogen …
Aber was wäre denn, wenn ich mit einer weiteren Person unterwegs gewesen wäre? Auch zu zweit kann man sich schließlich verlaufen. Vielleicht hätte ich insgeheim noch den anderen beschuldigt, nicht auf die Markierungen geachtet zu haben und hätte ihn damit für diese Misere verantwortlich gemacht. Plötzlich musste ich lachen. Ja, so wäre es wohl gewesen! Ich hätte die Verantwortung wahrscheinlich jemand Anderem aufs Auge gedrückt. Meine Laune besserte sich zusehends. Ich saß noch immer auf dem Baum, und dann schob sich ein Gebet in meine Gedanken:

> Gott gebe mir Gelassenheit
> hinzunehmen was nicht zu ändern ist;
> Mut zu ändern,
> was ich ändern kann,
> und Weisheit,
> zwischen beiden zu unterscheiden

Dies war ein so entscheidender Augenblick in meinem Leben. Wie ein Blitz durchfuhr mich diese Lebenslektion. Ich wusste nun ganz genau, was es heißt, die eigene Verantwortung zu tragen und niemand und nichts für mein Leben verantwortlich zu ma-

chen als mich selber. Ich war es ja, der jederzeit frei entscheiden konnte, ob ich hier nun klagend sitzenbleiben oder weitergehen wollte – verbunden mit der Hoffnung, jemanden zu finden, der mir weiterhalf.
Ich war plötzlich wie ausgewechselt, fühlte mich stark, sicher und voller Vertrauen und stand auf. Da ich mich mittlerweile auf keinem Weg mehr befand, blieb mir nichts anderes übrig, als durch tiefes Gestrüpp zu der bereits von Weitem gesichteten Straße hinunterzustapfen. Dort wartete ich einige Minuten – vielleicht würde ja ein Auto kommen, dessen Fahrer ich nach dem richtigen Weg fragen konnte.
Es kam aber kein Auto, kein Mensch war weit und breit zu sehen. Enttäuscht lief ich ein bisschen am gegenüberliegenden Straßenrand entlang, um eventuell eine Markierung am Waldrand zu finden. Nichts. Da ich mir sicher war, hier irgendwo hinauflaufen zu müssen, entschied ich mich für einen sehr schmalen Pfad mitten durch den Wald hindurch. Dieser führte mich zu einem breiteren Weg, den ich fortan hinaufschritt. Unsicherheit machte sich breit, und langsam spürte ich auch Erschöpfung – ich war an diesem Tag schon zwanzig Kilometer gelaufen. Auch die Hitze machte mir zu schaffen. Wenn ich den falschen Berg gewählt hatte, musste ich diesen wieder hinunter und einen anderen wieder hinauf. Eine sehr unangenehme Vision, der ich lieber nicht zu viel Raum geben wollte.

Verantwortung für den Augenblick

Hanna H.

Wenn ich im Stress bin – und das geschieht oft – versuche ich an den Jakobsweg zu denken. Ich finde Halt bei dem Gedanken, dass ich eines Tages wieder unterwegs sein werde. Wenn Ängste oder Depressionen im Anflug sind, kann ich laut zu mir sagen, dass es mir auf dem Pilgerweg gut ging, ich hatte genug Kraft, Ausdauer, Freude, das hilft enorm. Meine Erfahrung des vergangenen Sommers: „Alles kommt zur rechten Zeit“, wirkt sich auch

auf meinen Alltag aus. Außerdem lebe ich mit einem Ziel im Herzen: den restlichen Weg auch zu erpilgern.
In den vergangenen Jahren habe ich vielfach depressive Phasen durchlebt. Besonders wenn auf den Sommer zuging, ging es mir schlecht. Das wirkte sich auch körperlich aus in Form von Kreislaufproblemen, Magenschmerzen, Schlafstörungen und Verspannungen. Dreimal habe ich inzwischen erleben dürfen, dass ich beim Pilgern loslassen konnte. Von Tag zu Tag ging es mir besser, seelisch wie körperlich. Ich habe einen Beruf mit viel Verantwortung und Zeitdruck. Beim Pilgern aber gab es keinen Zeitdruck, es galt nur der Moment, der Weg. Ich hatte nur Verantwortung für den Augenblick. Am Morgen alles loslassen, das Zelt abbrechen und sich vom Tag überraschen lassen, dabei zur Ruhe kommen und die eigenen Kräfte erleben. Das war eine wunderbare Erfahrung. Mir geht es seit einem halben Jahr insgesamt gesehen viel besser, sicher aus verschiedenen Gründen. Aber der Jakobsweg hat einen großen Anteil daran, dessen bin ich mir sicher.
Mein Mann und ich hatten auf dem Weg Freude daran, Engel zu „sehen“:

- Den Engel, der in Form eines fremden Radfahrers mir die Hand auf den Rücken legte und mich mit meinem Fahrrad den Berg hochschob,
- Den Engel, der mitten auf der Kreuzung aus seinem Auto stieg, weil er uns angesehen hatte, dass wir nicht weiter wussten,
- Den unsichtbaren Regenengel, der uns einen Unterschlupf zeigte, bevor der Wolkenbruch niederging

Mein Kampf mit den ‚Bergen'

Berge waren sowieso ein Thema für mich. Auf dem Jakobsweg durch Deutschland kann man ja nicht unbedingt von Bergen reden – eher waren es Hügelchen, und trotzdem, jeder Berg war eine Hürde, ein Problem, das sich mir in den Weg stellte und mich an einem schnellen Ankommen hinderte. Jeden Abend nach dem Ankommen schaute ich nach den Höhenmetern, die es am nächsten Tag zu bewältigen gab. Ein großer Teil meiner Konzentration lag auf diesen Hindernissen. So schnaufte und jammerte ich mich die Hügelchen hoch. Manchmal gesellte sich Ärger hinzu, wenn die Schmerzen in den Füßen unabdingbar fühlbar wurden. Durch diese zusätzliche Anspannung verkrampfte ich mich innerlich, und es wurde zur Plackerei. Erst wenn ich oben angelangt war, erschöpft, schwitzend, keuchend, konnte ich innerlich loslassen und ein bisschen stolz auf mich sein; jedenfalls so lange, bis sich das nächste Ungetüm von Berg mir in den Weg stellte, mich nicht laufen ließ, mein Ankommen verzögerte. Es war ein Kraftakt. Ich wollte schnell ans Ziel kommen, man ließ mich nicht, und ich haderte mit mir darüber. Konnte es nicht einmal nur flaches Gelände sein? Es war schlichtweg ein täglicher Kampf. Und trotzdem, ich hatte es in der Hand. Ich wollte ankommen. Ich wollte in ein neues Leben zurück. Deshalb war dieses Kämpfen und Überwinden so wichtig. Wahrscheinlich sah ich meine damaligen Probleme genauso, als Hindernisse, die mich am wahren Leben hinderten. Anstatt sie zu lösen, kämpfte ich mit ihnen und damit gegen mich selbst. Immer wieder zeigen mir die Erfahrungen vom Weg Gleichnisse zu meinem Alltagsleben. Und ich profitierte ungemein von den Lehren des Caminos.

Mein Körper kann sich heilen, wenn ich ihm gute Bedingungen dazu gebe

Regula M.

Ich habe Sicherheit und Vertrauen in mich und meinen Körper gewonnen. Bin „infiziert", d. h., ich pilgere weiter, wann immer ich die Möglichkeit habe. Ich lebe bescheidener, dankbarer und bewusster – das ist mein subjektives Gefühl.

Zum Thema ‚Vertrauen und Sicherheit in meinen Körper': Als ich das erste Mal für vierzehn Tage auf einem Stück des Jakobswegs ging, von Einsiedeln nach Freiburg (Schweiz), dachte ich, ich werde irgendwann mal abbrechen müssen, weil ich es körperlich nicht schaffen würde.

Bereits nach dem ersten Pilgertag bescherte mir der strömende Regen nasse Füße. In den zwar eingelaufenen, aber zu knapp gewordenen Wanderschuhen bekam ich Füße voller Blasen.

So musste ich innerlich bereits in Schwyz entscheiden: „Will ich abbrechen oder trotz Blasen und Schmerzen weitergehen?" Ich entschied mich für das Weitergehen. Durch die wunden Füße lernte ich extrem achtsam zu gehen. Bei jedem Schritt musste ich darauf achten, wo ich meinen Fuß hinsetzte, damit es möglichst wenig schmerzte. Ich musste möglichst weiche Stellen suchen und spitze Steine vermeiden. Es ging, ich ging! Ich dachte an all die Pilger des Mittelalters, die wahrscheinlich auch oft so zu leiden hatten.

In Interlaken kaufte ich dann neue Wanderschuhe: gute Qualität, zwei Nummern größer. Alle warnten mich, mit den neuen, uneingelaufenen Schuhen weiterzugehen. Aber ich wusste, schlimmer konnte es ja gar nicht mehr werden. Und tatsächlich, auf der Strecke von Interlaken nach Freiburg heilten meine Füße wunderbar in den neuen Schuhen.

Fazit: Mein Körper kann sich heilen, wenn ich ihm gute Bedingungen dazu gebe. Auch lernte ich, dass es normal ist, am Abend „sterbensmüde" zu sein, so dass ich denke, morgen kann ich nicht weitergehen, weil mir alles weh tut. Und, dass ich es dann am anderen Morgen kaum erwarten kann, bis ich wieder in den Tag und die herrliche Natur hineinwandern kann!

Meine Motivation, anzufangen, auf dem Weg zu gehen, war die Situation, dass mein alter, betagter Vater nach einer langen, zermürbenden Zeit im Pflegeheim starb. Bisher hatte ich bei Todesfällen in der Familie (Bruder, Mutter etc.) immer eine große Trauer und tiefes Weh empfunden. Als nun mein Vater starb überschwemmte mich ein unerwartetes Glücksgefühl und eine große Freude. Diese für mich absolut gegensätzlichen Gefühle zu früheren Konfrontationen mit dem Tod verwirrten mich ziemlich. Sie waren so stark, dass ich unbedingt das Bedürfnis hatte, dem nachzugehen und mich zu fragen, warum ich so unterschiedlich fühlte. Ich wusste, dass ich, um diesen für mich wichtigen Fragen nachzugehen, Raum, Zeit und Ungestörtheit brauchte. Also plante ich für meinen nächsten Urlaub, mich auf den Jakobsweg zu begeben, um über all das nachzudenken. Als ich dann allerdings konkret auf den Weg ging, hatte ich diese Frage schon gelöst. Aber ich merke, dass das Auf-dem-Weg-sein für mich wie Meditieren ist: Ich habe Fragen, kleine große, alltägliche, hoch-philosophische ... und: beim Gehen löst sich alles. Entweder ergeben sich Antworten, oder die Frage wird zu keiner Frage mehr. Ich empfinde das Pilgern als etwas „Reinigendes“.
Es hat für mich nicht nur ein nachhaltiges Erlebnis gegeben, sondern viele kleine Erlebnisse und Erfahrungen, die für mich eine hervorragende Lebensschulung bedeuten!
Ein kleines Beispiel, eine kleine Geschichte zu dem, was ich mit „Lebensschule“ meine:
Dieses Frühjahr bin ich von Luzern nach Rüeggisberg (Schweiz) gepilgert; eine Woche hatte ich Urlaub. In der Arbeit war es sehr streng, sehr hektisch, und als ich den ersten Tag pilgerte, war ich noch so angetrieben, dass ich bereits kurz nach Mittag am ersten Etappenort war. Viel zu früh! Ich bereute es, dass ich den Weg viel zu schnell gegangen war. Ich hätte noch die eine oder andere Kapelle intensiver besichtigen können. Ich hätte auch noch länger genüsslich an der Emme sitzen und dem Wellenspiel zuschauen können. So wusste ich, dass mein Thema für den nächsten Tag ‚Entschleunigung‘ sein sollte.
Manchmal braucht es eben nur ein Wort!

Oder die Geschichte vom ‚Schweißtuch'. Die *Caritas* hat entlang des Pilgerweges zwischen Luzern und Rüeggisberg immer wieder Gedenkplätze angelegt oder Tafeln mit nur einem Wort angebracht, z. B. bei einem Wald die Tafel mit dem Wort „Hören". Und tatsächlich, ich hörte in diesem Wald an diesem herrlichen Morgen ein wunderbares Vogelkonzert.
Kurz nach Burgdorf ging ich durch ein Waldstück. Ich habe die Gewohnheit, ein Taschentuch vorn am Knopf meiner Wanderbluse mit einer kleinen Öse anzuhängen, um mir jederzeit den Schweiß von der Stirn wischen zu können.
Da wollte ich wieder zu diesem ‚Schweißtuch' greifen und stellte fest, dass ich es verloren hatte. Sofort stellte sich in mir ein Gefühl von Ärger ein, ich schalt mit mir: „Ich verliere sonst nie etwas, wie kann ich nur so unachtsam sein, soll ich jetzt wegen diesem Tuch wieder zurücklaufen?" usw. Meine Laune sank, und ich haderte innerlich mit mir und der Welt ... Da hob ich den Kopf, und vor mir sah ich wieder einmal eine solche *Caritas*-Tafel, und was stand da drauf? LASSEN! Genau zur richtigen Zeit, am richtigen Ort begegnete ich diesem Wort. Ich musste lachen, meine Laune war wieder gut, und die Freude kehrte in diesem Moment wieder zu mir zurück.
Für mich war dieses unscheinbare kleine Erlebnis wie ein kleines Wunder. Ich buche es als Lebensschule ab.
Du fragst und forschst nach Nachhaltigem nach dem Jakobsweg. Ich kann einfach sagen, dass ich das Gefühl habe, dass ich in meinem Alltag gelassener geworden bin, dass ich gelernt habe, wie wenig es zum Leben braucht, um glücklich zu sein. Eine gewisse Bescheidenheit habe ich erworben.
Vermeintlich Großes ist für mich kleiner geworden und Kleines groß ...

Während ich mich also mal wieder nach oben kämpfte, bereitete ich mich auf das Schlimmste vor, denn viel wahrscheinlicher war es, dass ich den falschen Weg gewählt hatte. Aber dann wusste ich wenigstens, wo ich mich genau befand, und es würde sich irgendeine Lösung finden, dessen war ich mir ganz sicher. Irgendwann war ich oben und blickte auf eine Kirschplantage und einige Leute, die dort arbeiteten. Als sie mich bemerkten, holten sie sofort einen Stuhl und etwas zu trinken. Ich sah wohl ziemlich erschöpft aus. Nachdem ich mich ein bisschen gestärkt und erholt hatte, fragte ich sofort nach meinem genauen Standort. Ungläubig und zugleich innerlich tief berührt hörte ich, dass mein Etappenziel nur ein Kilometer entfernt war. Ich war tatsächlich auf dem richtigen Berg angekommen. Noch heute, wenn ich an diesen Tag zurückdenke, staune ich fasziniert darüber, wie ich es geschafft hatte, nach meiner Verlauferei ohne Markierungen den richtigen Weg zu finden. Dieses Erlebnis prägte mich für mein ganzes Leben dahingehend, dass ich mir meiner inneren Stärke, meiner Intuition voll bewusst wurde. Selbst wenn ich einmal vom Weg abgekommen war, hatte ich die Möglichkeit, den richtigen aus eigener Kraft trotzdem zu finden – das bezieht sich auf den Jakobsweg wie auch auf meinen Lebensweg. Alles was dazu nötig war, war, mich nicht hängen zu lassen, sondern aktiv zu werden und das zu tun, was ich eben tun konnte.

Mit dem eigenen Lebensweg versöhnt

Klaus St.

Als meine Frau plötzlich nach langer Krankheit (zwanzig Jahre an der Dialyse) verstarb, durfte ich ihre Asche in der Schweiz in einem Friedwald beisetzen. Der Friedwald liegt bei Kreuzlingen über dem Bodensee. Ich gehe dort gerne spazieren. Dabei fand ich Wegschilder des Jakobswegs: Konstanz – Einsiedeln – Genf.

Ich beschloss, wenn ich bis zur Rente so gesund bleibe, aus Dankbarkeit diesen Pilgerweg zu gehen. Im Jahre 2009 wäre es soweit gewesen … Aber es sollte anders kommen.
Mir wurde der Arbeitsplatz mit 62 Jahren gekündigt. Das löste bei mir einen nervlichen und körperlichen Zusammenbruch aus. Das Arbeitsamt erklärte mir, dass ich keine Arbeit mehr bekommen würde.
Da ich eine Vereinbarung unterzeichnete, in der ich mich als nicht mehr vermittelbar erklärte, bekam ich die Möglichkeit, Arbeitslosengeld zu beziehen und mich trotzdem einige Wochen im Ausland (auf dem Jakobsweg) aufhalten zu können.
Ich kaufte eine Wanderausrüstung und plante zu Ostern, von hier im Schwarzwald über die Schweiz den Weg zu gehen, um die größte Hitze in Spanien zu vermeiden. Aber der Winter nahm kein Ende. Deswegen entschied ich mich, ab Genf zu pilgern, in der Hoffnung, im Rhônetal auf Wanderwetter zu stoßen.
Die ersten Tage durfte ich mit einem Schweizer Ehepaar gehen und ‚lernte' so das Pilgern. Auf der Strecke Genf – Le Puy habe ich oft bei Familien als Gast genächtigt. Zu meiner Überraschung bin ich derartig lieb und mit einer fast beschämenden Gastfreundschaft aufgenommen worden.
Ich wanderte allein. Das gab mir sehr viel Zeit zum Denken, Nachdenken und zur Neubeurteilung meiner Gedanken. Später wurden die Kontakte zu Mitpilgern häufiger, und es ergaben sich Freundschaften mit und unter den Pilgern. So hörte ich von den Gründen der anderen für ihre Pilgerschaft, und meine Gründe und Sorgen begannen sich zu relativieren . Diese Gespräche führten mich aus meinem Tief heraus.
Aber auch die unzähligen Kirchen mit ihrer gelebten Frömmigkeit aus 1.000 Jahren und das Bewusstsein, in der Folge dieser Frömmigkeit auf dem gleichen Weg wie unzählige Pilger vor uns zu sein, gaben mir ungeahnte Kräfte.
Ich, der nie um etwas gebeten hatte, habe mehrmals auf dem Weg um Hilfe bitten müssen und erhielt sie auch. So bat ich um Wasser, erkundigte mich nach dem richtigen Weg und fragte nach einem Quartier für die Nacht. Als meine Scheckkarte in Saint-

Jean-Pied-de-Port nicht funktionierte, musste ich sogar Geld von einem Mitpilger annehmen (in Spanien funktionierte die Karte wieder).
Gegen Ende des Weges bin ich mit meinen Weggefährten in den ‚Kilometer-Streik' getreten, damit dieses Gefühl der Pilgerschaft noch länger anhielt. Außerdem wollten wir nicht an einem Wochenende in Santiago eintreffen. Wir blieben in Monte do Gozo, um dann am nächsten Morgen nach Santiago einzuziehen. Zum Sonnenaufgang erreichten wir die Kathedrale. Es war überwältigend. Die anschließende Pilgermesse übertraf alle Erwartungen. Die abschließende Zeit in Finisterre diente zum Abnabeln und zur Rückschau. Täglich kamen dort Pilger an, die wir auf dem Weg kennen gelernt hatten und andere wurden am Bus verabschiedet. Nach einem weiteren Aufenthalt in Santiago mit weiteren Besuchen der Kathedrale, Museen und Kirchen reisten wir in guter Stimmung wieder ab.
Rückblickend gab mir der Jakobsweg die Kraft, offen in mein Rentnerdasein zu gehen. Der Weg und seine meditativen Zeiten haben mich geändert und es mir ermöglicht, offener auf andere Menschen zu zugehen. Ich bin jetzt mit meinem Lebensweg versöhnt und dankbar geworden; ich habe einen Blick gefunden auf all das Schöne, das ich erleben durfte.
Magische Momente gab es viele, aber in der Kathedrale von León habe ich sehr lange in diesem pulsierenden blauen Licht gesessen – es ging ins Innerste und hat mich sehr ergriffen. In der Kathedrale von Santiago habe ich mich wirklich als Pilger am Ziel und von allen Lasten befreit gefühlt.
Ich habe den Weg auch einem Mädchen und deren Familie gewidmet. Das Mädchen hatte mit vierzehn Jahren einen Schlaganfall mit Halbseitenlähmung. In jeder Kirche des Weges habe ich sie in meine Bitten mit eingeschlossen. Zu meiner Freude ist dieses Mädchen in der Zwischenzeit wieder genesen und macht eine Lehre in einer Arztpraxis.

Beweggründe

Meine Beweggründe waren in erster Linie, den Tod meiner Mutter zu verarbeiten und neue Stabilität und Sicherheit im Leben zu gewinnen. Sie verstarb nach längerer Krankheit an Krebs. Ich hatte den Verlust in den ersten Monaten nach ihrem Tod überhaupt nicht registriert. Zuviel war danach zu klären, zu organisieren – ich war erst einmal abgelenkt. Und so brach erst fast ein Jahr später die Trauer in mir aus. Die Erinnerung an unsere letzte gemeinsame Zeit verschaffte sich Raum. Sie fehlte mir plötzlich sehr. Und trotzdem wusste ich, es war für sie das Beste gewesen. Sie hatte lange genug an den Auswirkungen der Krankheit, der Chemotherapie und Bestrahlung gelitten.
Noch an ihrem Krankenbett hatte ich ihr damals gesagt, dass sie ‚gehen' könnte, wenn sie es für richtig hielt. Ich konnte ihr danken für alles, was sie für mich getan hatte. Ausgesprochen über unser lange Zeit schwieriges Verhältnis hatten wir uns schon, als

Kurz vor Le Puy

von der Krankheit noch nichts zu spüren war. Dank ihrer Patientenverfügung wurden keine unnötigen lebensverlängernden Maßnahmen ergriffen. Sie verstarb in einem wunderschönen Zimmer mit Blick auf alte Kastanienbäume und die Donau. Ihr Zimmer hatte ich mit etlichen Blumen und Fotos ihrer Liebsten geschmückt. An meinem letzten Besuch kaufte ich ihr Himbeeren, die ich ihr in winzige Stückchen teilen musste, damit sie sie überhaupt zu sich nehmen konnte. Dazu ließ ich ihre geliebten Musik-CDs, Hubert von Goisern und Maria Callas hören. Zwei Tage später verstarb sie. Wir hatten einen guten Abschied; den besten, den ich mir in einer solchen Situation vorstellen kann ...

Das Gehen auf dem Jakobsweg war für mich eine gute Gelegenheit, diesen Verlust zu verarbeiten.
Ich wusste, wie sehr sie die Natur geliebt hatte. Und irgendwie war sie mir dort auf diesen Wegen immer spürbar nah, vielleicht sogar näher, als wir uns im Leben jemals waren. Während des Gehens sprach ich oft in Gedanken zu ihr oder erinnerte mich an längst vergessene Momente unseres Lebens. Und wenn ich inmitten einer besonders schönen Landschaft stand oder schöne Blumen sah, dann wusste ich, sie hätte ihre Bewunderung lauthals kund getan. Die Natur, das Gefühl ihrer Nähe und meine regelmäßigen Schritte gaben mir immer den Trost, den ich brauchte, aber auch das innere Glücksgefühl, sie doch nicht ganz verloren zu haben.

Der Camino hat mich frei gemacht

E. aus Karlsruhe

Ich kann wieder vertrauen. Das war für mich über Jahre zu einem großen Problem geworden. Ich lebe jeden Tag, jede Stunde. Ich bin gelassener und habe keine Angst vor dem, was der nächste Tag, die nächste Stunde bringt. Ich weiß, es gibt für alles einen Weg und zwar einen, den ich wirklich gehen kann, auf dem ich in Gott geborgen bin, wo er mich führt, wenn ich es will. Es ist die Sicherheit in die Liebe Gottes, der ich blind vertrauen kann.

Ein schönes Erlebnis: Ich war mit einem Pilgerkameraden aus Österreich ein Stück weit zusammengegangen. Jeder so für sich und doch gemeinsam. Und ich hatte so ‚abgeschaltet', dass ich, als ich im Gehen wieder zu mir kam, überhaupt nicht wusste, wo ich gerade bin.
Der Camino hat mich frei gemacht: Frei von Ängsten, frei von Vorurteilen, frei von Mutlosigkeit, frei von vermeintlichen Zwängen, frei in meinen Gedanken, frei in meinem Fühlen, unabhängig in meinen Entscheidungen. Die unendliche Weite der Landschaften, besonders am Aragon und an der Küste, haben das Gefühl der Freiheit stark werden lassen. Positiv denken, positiv sehen, in jedem Menschen die guten Seiten erkennen wollen, auch meine guten Seiten zulassen und Geschenke und Hilfen gerne anzunehmen – einfach so. Ohne Misstrauen.
Probleme in der Partnerschaft kann ich dadurch bewältigen, dass ich gelernt habe zu akzeptieren, dass nicht alles von allein glatt gehen kann – es darf auch Stolpersteine geben. Ich habe gelernt, mich nicht so wichtig zu nehmen – ich bin nur eine von ganz vielen, die auf dieser Welt unterwegs sind. Meine Mitmenschen und ganz besonders, diejenigen, die mir nahe stehen, lerne ich so zu akzeptieren und zu lieben, wie sie sind. Das klappt natürlich nicht immer, aber es fällt mir deutlich leichter. Ich gebe mich jeden Tag in Gottes Hand und vertraue auf ihn.

Über die wunderbaren Momente des Ankommens

Neben all den genannten täglichen Schwierigkeiten, meinem fast täglichen Kampf, wenigstens heute mal nicht vom Weg abzukommen, die Höhenmeter irgendwie zu meistern, und dem mentalen Kraftakt die schmerzenden Füßen zu ignorieren, gab es mindestens ebenso viele wunderbare Momente des Ankommens. Schon, wenn ich mich von unterwegs aus telefonisch nach einer Übernachtungsmöglichkeit erkundigte, und sich eine freundliche Stimme meldete, bei der ich mein Bett reservieren konnte, gab mir das so viel Energie und Tatendrang, doch noch die letzten fünf Kilometer zu überwinden. Überall wurde ich sehr herzlich – meist sogar mit einem Glas Wasser – empfangen. Oft nahm man sich die Zeit und erkundigte sich nach meinem Befinden und zeigte viel Interesse an meinen Beweggründen.
Als Pilgerin war ich nicht besonders anspruchsvoll. Ich freute mich auf eine Dusche, ein Bett und etwas zu essen und zu trinken. Wenn diese wenigen Wünsche gesichert waren, stellte sich eine tiefe innere Zufriedenheit, gepaart mit einem Glücksgefühl, ein, es auch diesmal wieder geschafft zu haben.
Erstaunlicherweise regenerierte ich mich auch nach anstrengenden Etappen sehr schnell wieder. Oft ging ich abends mit wehen Füßen und dem Gefühl, am kommenden Morgen bestimmt keinen einzigen Schritt gehen zu können, ins Bett. Beim Erwachen fühlte ich mich jedoch stets frisch und ausgeruht und ohne Schmerzen. Jeden Morgen war ich erfüllt von einer schier unbändigen Neugierde, wie ich wohl diesen neuen Tag meistern würde, und voller Tatendrang.

Lebenszuversicht

Franz W.

Die Erfahrungen und Erinnerungen an meine Etappen helfen und bestärken mich im Alltagsleben, zuversichtlicher und geduldiger zu sein. Darüber hinaus habe ich gelernt, Wesentliches von Unwesentlichem zu unterscheiden und die einfachen Dinge des Lebens wieder zu erkennen und mehr zu schätzen. Auch das Zutrauen in die eigenen Möglichkeiten, wie z. B. Mut, körperliche Leistung, das Zurechtkommen in ungewohnten Situationen, hat sich gesteigert. Ich habe gelernt, dass ich mit Durchhaltewillen und Geduld mein (Tages)-Ziel erreiche. Meine ganze Lebenszuversicht ist gestiegen. In puncto Partnerschaft habe ich erkannt, dass man sich nicht an Kleinigkeiten aufhängen, sondern die grundlegenden Gemeinsamkeiten mit Geduld erkennen sollte. Vorteilhaft ist es auch, sein Ego zurückzuschrauben und zu versuchen, sich mehr in die Wünsche und Bedürfnisse des Partners hineinzuversetzen.

Ich wünsche Dir Zeit

Man mag es kaum glauben, aber auch am letzten Tag kurz vor meiner Ankunft in Ulm verlief ich mich gleich früh morgens. Wieder einmal musste ich jemanden nach dem Weg fragen. Ich fand eine Spaziergängerin, die mit ihrem Hund unterwegs war. Sie lud mich zum Frühstück zu sich ein und versprach mir, mich danach mit dem Auto an das nächste ihr bekannte Muschelsymbol zu fahren. Bis dato hatte ich mich nie mit dem Auto mitnehmen lassen, auch wenn ich mich manchmal wegen der schmerzenden Füße oder Hitze danach sehnte. Es wurde ein sehr schöner Morgen. Sie erzählte mir von ihrem Leben, von ihrem Mann, der kürzlich verstorben war und zeigte mir ihre kreativen Malereien. Dann fuhr sie mich zu der genannten Wegmarkierung.
Zum Abschied gab sie mir noch ein Zettelchen mit einem wunderschönen, vielsagenden Gedicht mit auf den Weg:

Ich wünsche Dir nicht alle möglichen Gaben.
Ich wünsche Dir nur, was die meisten nicht haben:
Ich wünsche Dir Zeit, dich zu freun und zu lachen,
und wenn Du sie nutzt, kannst Du etwas draus machen.

Ich wünsche Dir Zeit für Dein Tun und Dein Denken,
nicht nur für Dich selbst, sondern auch zum Verschenken.
Ich wünsche Dir Zeit – nicht zum Hasten und Rennen,
sondern die Zeit zum Zufriedenseinkönnen.

Ich wünsche Dir Zeit – nicht nur so zum Vertreiben.
Ich wünsche, sie möge Dir übrigbleiben:
Als Zeit für das Staunen und Zeit für Vertraun,
anstatt nach der Zeit auf der Uhr nur zu schaun.

Ich wünsche Dir Zeit, nach den Sternen zu greifen.
Und Zeit, um zu wachsen, das heißt, um zu reifen.

Ich wünsche Dir Zeit, neu zu hoffen, zu lieben.
Es hat keinen Sinn, diese Zeit zu verschieben.

Ich wünsche Dir Zeit, zu Dir selber zu finden,
jeden Tag, jede Stunde als Glück zu empfinden.
Ich wünsche Dir Zeit auch um Schuld zu vergeben.
Ich wünsche Dir: Zeit zu haben zum Leben.

(Elli Michler)**

Die Internationalität des Camino

Peter K.

Dadurch, dass ich jetzt schon seit etlichen Jahren auf den Jakobswegen pilgere, ist mir bewusster geworden, dass es für alle Probleme immer eine gute Lösung gibt.
Auch wenn ich mich mal verlaufen habe, zeigte dies durchaus seine guten Seiten, entweder, weil ich dadurch an Orte gekommen bin, die ich sonst nie gesehen hätte oder ich dadurch Menschen kennen lernen durfte, die mir weiterhelfen konnten und wollten. Erfahrungen, die ich im Nachgang nicht missen möchte.
Neben den vielen hilfsbereiten Menschen, denen ich auf dem Camino begegnet bin, die mir mit Wasser, Wegbeschreibung, Essen oder Übernachtung ausgeholfen haben, ist mir ein Ereignis besonders angenehm in Erinnerung:
Auf der Via de la Plata hatte ich mir als Etappenziel das Städtchen Plasencia vorgenommen und war an einem schönen sonnigen Frühlingstag schon zeitig aufgebrochen. Die Tagesetappe sollte etwa 36 Kilometer betragen; Mittagspause wollte ich in einem kleinen Ort nach etwa zwanzig Kilometer machen.
Der Weg durch die Estremadura führte wildromantisch über blühende Wiesen und hügelige Viehweiden und war in diesem Abschnitt schlecht markiert. Ich hatte öfter Mühe, den gekennzeichneten Camino zu finden.

So kam es dazu, dass ich mich an einer Weggabelung trotz Beschreibung und Abgehen der verschiedenen Alternativen (ich fand nirgends ein weiterführendes Zeichen) für den falschen Weg entschied. Nachdem ich ihn einmal eingeschlagen hatte, führte er mich, bedingt durch eingezäunte Viehweiden und steile Wiesenpfade, von der ursprünglichen Richtung fort. Das konnte ich am Stand der Sonne erkennen.
Ich wollte nach der langen zurückgelegten Wegstrecke nicht umkehren und hoffte, auf eine Straße oder Siedlung zu stoßen. Es war es schon weit nach 12 Uhr mittags, bis ich an einem kleinen See über einen Zaun kletterte, um zu einer staubigen Landstraße zu gelangen.
Nirgendwo eine Menschenseele, geschweige denn eine Ortschaft in Sicht. Nur eine abseits gelegene Scheune war in einiger Entfernung zu sehen. Wieder einmal ließ mich der Pilgerpatron Santiago nicht im Stich, denn auf der einsamen Landstraße tauchte, eine lange Staubfahne hinter sich herziehend, ein PKW auf. Auf mein Handzeichen hin hielt der Fahrer, ein Schwede, etwa in meinem Alter, an. Ich konnte mich mit ihm auf Englisch verständigen.
Er zeigte mir auf seiner Landkarte unseren Standort, und ich sah, dass ich noch ca. zwölf Kilometer von meinem Zwischenziel entfernt war, obwohl ich seit fast fünf Stunden unterwegs und ca. 22 Kilometer gelaufen war. Niederschmetternd!
Ich konnte meine Niedergeschlagenheit wohl schlecht verbergen, denn der Schwede bot mir spontan an, mich zu dem Ort zu fahren, den ich zur Mittagspause erreichen wollte. Dann hätte ich nur noch die verbliebenen sechzehn Kilometer bis Palencia unter die Füße zu nehmen. Er habe eh nichts mehr vor heute. Ich nahm sein Angebot natürlich sehr gerne an.
Allerdings wollte er vorher noch zu der abgelegenen Scheune fahren, um dort Fotoaufnahmen zu machen. Es stellte sich nämlich heraus, dass sein Hobby darin bestand, abgelegene Scheunen und Bauernhöfe in Spanien aufzusuchen und von ihnen Fotografien zu machen! Er hatte eigens einen Führer dabei, in dem solche alten Gehöfte aufgelistet waren.

Welch ein Glück, dass ihn sein Weg ausgerechnet um diese Zeit in diese abgelegene Gegend führte! Das war für mich einer der vielen Beweise für die Internationalität des Camino: Ein Schwede, der in Spanien alte Scheunen fotografiert, hilft einem deutschen Pilger, mit dem er sich in Englisch unterhalten kann ...
Für mich ist der Weg insgesamt ein besonderes Ereignis, egal ob in Spanien oder in Deutschland. Ich freue mich auf jede Pilgertour, ob sie vier oder vierzehn Tage dauert.

In Ulm!

Bald darauf lief ich an der Donau entlang meinem Ziel entgegen nach Ulm. Nun konnte selbst ich mich nicht mehr verlaufen. Es war ein sehr glücklicher Moment, als ich kurz vor Ulm in der Friedrichsau ankam. In diesem Park hatte ich viele Stunden in meiner Kindheit und Jugendzeit verbracht. Ich setzte mich auf eine Bank und blickte auf das strömende Wasser der Donau. Ich war so stolz. Ich hatte es geschafft. Es war manchmal so mühsam gewesen, aber ich hatte durchgehalten. Es war unglaublich. Der Wettergott war stets auf meiner Seite gewesen und ließ es erst regnen, wenn ich schon eine Bleibe gefunden hatte. Täglich befand ich mich etwa neun Stunden unter freiem Himmel an der frischen Luft, war über Felder, meist nasse Wiesen, Waldwege und Straßen gelaufen – bei großer Hitze. Meine Jeans konnte ich hinstellen, obwohl ich sie jeden Abend, zumindest an den unteren Hosenbeinen, gewaschen habe. Ich sollte sie zuhause ganze fünf Mal in der Waschmaschine waschen müssen, bis der eingenistete Dreck entfernt war und sie wieder weich wurde.

So vieles hatte ich über mich in den vergangenen 14 Tagen gelernt. Nun hatte ich das Gefühl, dass ich für alles, was noch kommen würde, gewappnet sei, ich fühlte mich gestärkt, kraftvoll, lebendig wie schon lange nicht mehr.
Im Ulmer Münster ließ ich mir meinen letzten Stempel in meinen Pilgerausweis drücken, dann ging ich zu meinen Verwandten Magda und Peter nach Neu-Ulm. Ich hatte sie bereits über meine Ankunft informiert. Die Freude über das Wiedersehen war groß. Es war schön, dort anzukommen, und ihnen über meine Erlebnisse auf dem Weg zu erzählen. Es war ein krönender Abschluss meiner Wallfahrt. Sie bereiteten für mich ein richtiges kleines Fest mit einem leckeren Essen gemeinsam mit all den nahe stehenden Menschen, die es dort für mich noch gab. Eine größere Belohnung konnte ich mir nicht vorstellen – alles war perfekt.

Grenzenlose Freiheit

Myrta S.

Eigentlich musste ich gar nicht ein Jahr lang auf Veränderungen warten, denn gleich nach jeder Etappe (es waren insgesamt sechs) hat sich ein Gefühl der Zufriedenheit und Dankbarkeit eingestellt. Das Gefühl der Dankbarkeit hat sich bis heute erhalten. Ich lernte auf dem Jakobsweg, mit dem zufrieden zu sein, was jetzt – im Augenblick – ist. Ich lernte, dankbar zu sein für eine Stunde wärmenden Sonnenschein, für einen Brunnen mit frischem Wasser, für einen guten Weg, für den Schatten eines Baumes oder für eine windgeschützte Ecke … Für alles, was bisher so selbstverständlich war, bin ich dankbar und achtsam geworden. Ich weiß jetzt aber auch, dass selbst die widrigsten Umstände zu bewältigen sind, wenn ich vertrauensvoll den ersten Schritt wage.
Auch war die Freude darüber groß, den inneren Faulpelz immer wieder besiegt und schließlich eine große Leistung vollbracht zu haben. Ich habe die Pyrenäen über den Semportpass und Jacca überquert (übrigens, wie ich finde eine sehr empfehlenswerte Route, ohne Pilgerrummel und voller landschaftlicher Schönhei-

ten). In der wunderbaren Kirche von Eunate bekam ich die Gewissheit geschenkt, dass ich den Weg zu Ende gehen und in Santiago ankommen werde.
Verändert hat sich auch mein Bewusstsein in puncto Freiheit. Noch nie habe ich das Gefühl fast grenzenloser Freiheit so intensiv erlebt wie auf dem Jakobsweg. Der freiwillige Verzicht auf Unnötiges und die Beschränkung auf das Wesentliche führte für mich zu einer ungeahnten Freiheitserfahrung, die ich bis heute beim Wandern und Unterwegssein immer wieder suche (und meist auch finde).
Dieser „Freiheitsrausch" hat sich für mich fast bis zum Suchtpotenzial entwickelt. Zwangsläufig hat sich meine Einstellung zum Besitz, zum „Haben" verändert und zwar zugunsten von Sein, von Erfahren und Erleben. Ich weiß nicht, ob ich ohne den Jakobsweg zu dieser Einstellung gelangt wäre.
Ohne im Voraus wissen zu können, was während meinem Pilgern auf dem Jakobsweg geschehen wird, haben mir die Erfahrungen dieses Weges ganz enorm geholfen, mein Leben zu meistern.
Mein Mann konnte aus gesundheitlichen Gründen (Hüftprobleme) nicht mit mir auf den Jakobsweg gehen. Deshalb bin ich zusammen mit einem Freund der Familie gegangen. Es fehlten noch zwei größere Etappen, als mein Mann ganz plötzlich an einem Aortariss verstarb.
Zunächst wollte ich alles aufgeben oder zumindest die bereits geplante nächste Etappe aufschieben. Aber bereits zehn Wochen nach dem Tod meines Mannes nahmen mein Freund und ich die „Meseta" (die Strecke zwischen Burgos und León, gefürchtet wegen ihrer Eintönigkeit) unter die Füße. Ich wusste nicht, ob ich es schaffen würde, stand uns doch die schwierigste Etappe bevor. Zum schweren Rucksack kam jetzt noch ein schweres Herz dazu; aber ich wagte es. Mit dem Stock und der Regenjacke meines Mannes zog ich zusammen mit meinem Begleiter los. Es wurde nicht nur schwierig, sondern wir hatten mit extremen Wetterbedingungen zu kämpfen (Hitze bis zu 43 °C, und das im Oktober). Trotzdem kamen wir wohlbehalten in Santiago an. Von da an war ich fest davon überzeugt, alle bevorstehenden Schwierigkeiten und

Probleme lösen zu können. Der Weg und das Ankommen in Santiago gaben mir so viel Kraft und neuen Lebensmut. Es zeigte mir, dass auch viele kleine Schritte schließlich zum Ziel führen. Dieses Gefühl von Kraft und Vertrauen besteht bis heute und hilft mir immer, all die neuen Aufgaben oder unerwarteten Schwierigkeiten zu bewältigen.
Die Etappe durch die „Meseta" wurde für mich zu einem Gleichnis für meinen Lebensweg. Deshalb gehe ich immer noch jedes Jahr auf irgendeinen Pilgerweg, am liebsten allein, denn so finde ich am besten Ruhe und Konzentration.

Der Schock ‚danach‘

Der Schock kam, als ich wieder bei mir zuhause war. Es war mir beinahe unmöglich, etwas Essbares einzukaufen. Die vielen Leute im Supermarkt, die vielen Waren, die dort angeboten wurden, überforderten mich restlos. Es gelang mir erst nach ein paar Tagen wieder, mich dem allen in einer gewissen Normalität auszusetzen. Ich war so glücklich und zufrieden gewesen mit dem Wenigen, das ich auf meiner Wallfahrt bei mir trug. Nie hatte es mir an etwas gemangelt, nie musste ich hungern oder dursten. Was brauchte ich mehr? Überrascht wurde ich auch von dem Gefühl der Einsamkeit, das zwar nur wenige Tage anhielt, aber mir das Einleben nach meiner Rückkehr in meinem gewohnten Zuhause erschwerte. Schon in der Vorbereitungszeit meiner Tour wurde ich oft darauf angesprochen, ob mir so ganz alleine nicht langweilig werden würde oder ob ich keine Angst hätte, ohne Begleitung zu laufen. Während meiner Pilgerreise stellte ich mir diese Fragen immer wieder und musste sie stets verneinen. Ich fühlte mich weder einsam noch hatte ich Angst; Langeweile kam sowieso nicht auf, ich hatte ja damit zu tun, auf den Weg zu achten. Vielmehr war es so, dass ich mich in den vielen Stunden, die ich täglich unterwegs war, der Natur oder auch den Menschen, die ich traf, einfach zugehörig fühlte. Ich war auf eine gewisse Weise ein Teil von ihnen geworden.
Zum Thema Angst habe ich meine eigenen Vorstellungen: Ich denke, wenn mir etwas passieren soll, wird es geschehen, wenn der „richtige“ Zeitpunkt dafür da ist. Das kann natürlich allein auf dem Jakobsweg sein, aber auch zuhause an einem beliebigen Ort mit vielen Menschen um mich herum. Ich werde das sicher nicht damit verhindern können, indem ich sämtliche Vorhaben aus meinem Leben streiche, bei denen mir etwas passieren könnte. Damit würde ich mich nur selbst in meiner Freiheit und inneren Neugierde beschneiden.
Natürlich kam irgendwann der Alltag wieder, und nach und nach registrierte ich, wie viele Geschenke mir der Weg gemacht hatte. Mehr als je zuvor streifte ich in der Natur umher und genoss

deren Stille und die Schönheit. Nach diesen zwei Wochen auf dem Jakobusweg wusste ich, was auch passieren würde, ich würde alle Herausforderungen meistern.
Nahezu jede Nacht träumte ich davon, auf dem Weg zu sein. Manchmal war ich allein, manchmal in einer Gruppe. Ja, der Weg hatte mich sozusagen infiziert, und es war das Natürlichste der Welt, dass ich beschloss, im kommenden Jahr von Ulm nach Konstanz zu pilgern.

Die Blinden führen den Lahmen

Johann M.

„Ein herausragendes Erlebnis" war auf jeden Fall die Ankunft in Erfurt: Kurz vor Erfurt traf ich eine Gruppe von ca. zehn Blinden, die eine Wanderung unternommen hatten und mit mir im selben Gasthof zu Mittag aßen. Sie nahmen mich dann im Bus und in der Straßenbahn mit nach Erfurt und setzten mich punktgenau an der Straße, in der mein Trauzeuge wohnt, ab. Genau in diesem Moment fuhr er um die Ecke und war völlig verdutzt, als ich im Hof hinter seinem Auto stand. Diese „Führungen/Fügungen" waren für mich faszinierend. Die Blinden führten den Lahmen! Überhaupt hatte ich immer wieder den Eindruck, dass zum richtigen Zeitpunkt das Richtige passierte.
Auf dem Weg war ich nur für mich verantwortlich. Es war für mich eine Befreiung, niemand fragen oder motivieren zu müssen. Das war das eigentlich Tolle! Seit 28 Jahren bin ich mit meiner Frau zusammen. Die Kinder müssen beachtet werden. In der Firma müssen die Kollegen motiviert werden. Die Geschäftsleitung und die abhängigen Abteilungen verlangen Rechenschaft über alles Mögliche. Auf dem Pilgerweg brauchte ich nur meinem Ziel zu folgen. Ich weiß, dass Menschen sehr weit kommen. An einem Schild wurde mir klar, dass die Via Regia früher von vielen Menschen unter härteren Bedingungen gegangen wurde. Wenn Heere in kurzer Zeit von West nach Ost verlagert wurden, dann hatten die Soldaten mehr zu schleppen als ich mit meinem Zehn-Kilogramm-Rucksack.

Die Etappe nach Leipzig war für mich die härteste. Ich konnte mich kaum noch fortbewegen. Aber mit dem dortigen Pastor gab es ein interessantes längeres Gespräch, so dass ich am nächsten Morgen zwar geschwächt, aber auf „drei“ Beinen weiter kam.
Nach einer kurzen Etappe erholte ich mich am Samstag in Merseburg bei einer Schifffahrt auf der Saale nach Leuna – bestimmt das „Traumziel“ aller Pilger. Und die Übernachtung auf der Empore der Kirche in Merseburg war ein einmaliges Erlebnis. Wann hat man schon einmal die Gelegenheit, allein in einer Kirche aus voller Brust zu singen?!

Mit der Familie hielt ich täglich per SMS Kontakt: Ich sendete einen Gedanken des Tages und meinen Standort.
U. a. sandte ich folgende Tagesgedanken /-sprüche damals heim:

1. Ich laufe.
2. Siehe die Lilien auf dem Felde … (Matthäus 6)
3. Auch aus Missverständnissen kann etwas Vernünftiges geschehen.
4. Folge den Zeichen auf Deinem Weg.
5. Verliere Dein Ziel nicht aus dem Blick, auch wenn keine Zeichen am Weg zu sehen sind.
6. Gib auch Deinen Füßen einmal Recht.
7. Manchmal ist der Weg das Ziel.
8. Leg auch mal eine Pause ein. Auch Pilgern will gelernt sein.
9. Weitergehen – auch wenn es schwer fällt („Du schaffst das schon ...“)
10. Ein Sonntag ohne Glockengeläut ist seltsam. Dann lieber einen schwachen Organisten am Montag.
11. Jeder Pilgerweg muss mit dem Weg zurück beendet werden.

Eine wesentliche Veränderung während des Weges war die Frage: Habe ich in Erfurt die Kraft, weiterzugehen? Dies veränderte sich aber unterwegs. Auf einmal wäre es leichter gewesen, weiterzugehen. Mir wurde klar, dass jeder Pilgerweg zuhause beginnt und zuhause endet.

Im Vorfeld des Weges hatte ich mir vorgenommen, von Görlitz bis Erfurt zu pilgern. Das erschien mir eigentlich nicht möglich. Ich wäre auch zufrieden gewesen, wenn ich nur bis Leipzig gekommen wäre. Für diese Strecke hatte ich mir drei Wochen frei genommen. Ich kam aber wesentlich schneller voran, als ich es gedacht hatte. Es wäre nur einfacher gewesen, mich noch für den Rest der geplanten Pilgerzeit auszuklinken, anstatt einfach das selbst gesteckte Ziel des Pilgerwegs anzuerkennen und den Weg dort zu beenden.
Zuhause warteten die Steuererklärungen der letzten drei Jahre auf mich. Das hatte ich gerne durch die Arbeitsbelastung verschoben. Nun galt es für mich, zum einen die Muße, die ich auf dem Pilgerweg erfahren hatte, in den Alltag zu übernehmen und trotzdem den „inneren Schweinehund" zu überwinden und endlich Ordnung in den Papieren bzw. in dieem Lebensbereich zu schaffen.
Das war ein Punkt, der mir unterwegs klar wurde. Auch im privaten Bereich muss die Arbeit erledigt werden. Die gewonnene Zeit für die Fortführung des Pilgerwegs zu nutzen wäre eigentlich eine Flucht aus dem Leben gewesen – keine positive Entwicklung!

Im Wettstreit mit mir selbst

Im Nachhinein habe ich mir viele Gedanken darüber gemacht, warum ich mich auf meiner ersten Etappe so oft verlaufen hatte. Ich denke, dass diese Zeit meine damalige Lebenssituation widerspiegelte, ohne Basis zu sein und täglich damit beschäftigt, nach Auswegen für mich zu suchen, damit ich – im übertragenen Sinn – mein Überleben sichern konnte. Und nicht zuletzt hatte ich den Wunsch, endlich im Leben anzukommen, meinen Platz zu finden, Vertrauen ins Leben zu bekommen.

Den mit mir selbst vereinbarten Deal vor dem inneren Auge, preschte ich gewissermaßen durch die Landschaft: Ein Ankommen in Ulm sollte gleichzeitig auch ein Ankommen im Leben bedeuten. Dieses Gefühl wollte ich so schnell wie nur irgend möglich erleben.

Das war und ist bestimmt ein sehr motivierender Gedanke, aber er machte mich unaufmerksam für den Weg selbst. Ich verpasste einige Markierungen und merkte zu spät, dass ich mich verlaufen hatte. Dabei lief ich nicht wirklich schnell, aber so schnell es mir möglich war. Pausen legte ich nur ein, wenn meine Füße zu sehr schmerzten, und das war immer öfter der Fall, so als wollten sie mich dazu zwingen, mich nicht nur auf das Ziel zu fixieren, sondern auch einmal innezuhalten und die Natur zu genießen. Fast schien es so, als wollte ich diese Tage ‚abspulen', schnellstmöglich aus dem emotionalen Tief herauskommen. An manchen Tagen lief ich wie getrieben, im Wettstreit mit mir selbst, um nur keine kostbare Zeit zu verlieren.

Zudem kam ich anfangs erst gar nicht groß dazu, meine Gedanken über das vergangene Jahr Revue passieren zu lassen. Ich war damit beschäftigt, die Zeichen zu sichten und mit meiner Wegbeschreibung bzw. Karte zu vergleichen. Ich war einfach nur konfus, ohne Plan, obwohl dieser in meiner Hand war. Ich ärgerte mich, wenn ich noch einmal zurücklaufen musste, jammerte über meine Unbeholfenheit und war unendlich erleichtert, wenn ich doch noch am Ziel ankam.

Der Camino lehrte mich auf ganz besondere Weise, dass es nicht nur ums Ankommen geht, sondern der Weg selbst auch beachtet und bestaunt werden möchte. Passend zu dem Sprichwort: „Wer schnell ans Ziel kommen möchte, muß langsam gehen."
Niemals auf meinen folgenden Jahres-Etappen verlief ich mich wieder in dieser Häufigkeit. Ich hatte wohl den Bedarf dafür bei meiner ersten Jahresetappe gestillt. Nur noch einmal sollte ich derart vom Weg abkommen, dass ich sogar Hilfe anfordern musste. Aber dazu später …

Wallfahrt zum Grab des heiligen Jakobus

Dietrich

Hinter dieser großartigen Überschrift verbirgt sich eigentlich nur eine Wanderung von irgendeinem Startpunkt nach Santiago de Compostela. Weder abgeschreckt noch animiert durch den Bestseller „ .. ich bin dann mal weg" von Hans Peter Kerkeling, der den Camino 2001 gegangen war, habe ich mich am 03. April 2007 auf den Weg gemacht.
Grundauslöser dieses dann schon länger feststehenden Entschlusses war seinerzeit eigentlich der Vortrag eines geschiedenen Katholiken, der den Weg von Le Puy-en-Velay, südwestlich von Lyon bis Santiago gegangen war. Die Schilderungen über seine physischen, psychischen und geistigen (Spüren der Nähe zu Gott) Erlebnisse waren so beeindruckend, dass ich das auch erfahren wollte. Zusätzlich zu diesen Grenzerfahrungen wollte ich zehn Kilo abnehmen.
Vorher habe ich nur mit wenigen über diesen Plan geredet, um mich bei einer Absage nicht zu blamieren. Auch Testwanderungen in den Deister mit vollem Rucksack habe ich abgelehnt, weil für mich ganz klar feststand: „Du gehst!" Lobpreisungen wegen meines Mutes und: „Ich könne stolz sein!", haben mich in keiner Weise positiv berührt, auch weil ich noch gar nichts geleistet hatte, schon gar nicht für andere.
Ausgestattet mit gefülltem Rucksack, entsprechender Kleidung, Wanderstöcken, Pilgerausweis – notwendig für die Übernachtun-

gen in den Herbergen – und innerlich sehr fröhlich und gespannt auf das Kommende habe ich mich dann am 03. April von Marie Louise (Käfi), meiner lieben Frau, vor dem Flug von Hannover nach Bilbao über Mallorca verabschiedet. Bedingung für ein Gelingen des Camino de Santiago ist die vorbehaltlose Unterstützung dieses Unternehmens durch den Ehepartner, was bedeutet, ohne emotionale Last los zu marschieren.
Die Strecke hatte ich für mich natürlich vorher klar festgelegt. Startort war Roncesvalles, erster Ort hinter der französisch-spanischen Grenze. Gott sei Dank war ich nicht ab Saint-Jean-Pied-de-Port gepilgert (liegt noch vor den Pyrenäen), denn zwei Tage vorher war auf dem Weg über die Berge ein Engländer in den Schneestürmen zu Tode gekommen.
Der Start in Roncesvalles war schon ein Erlebnis: Ankunft abends bei Schneesturm von Pamplona aus mit dem Bus, vor Ort ca. fünfzehn Zentimeter Schnee, Herberge im alten Kloster, ein Saal mit ca. 120 doppelstöckigen Betten, und diese waren alle belegt! Um 22 Uhr ist grundsätzlich in fast allen Herbergen Zapfenstreich, das Licht wird gelöscht und die Eingangstür abgeschlossen. Wer später kommt schläft draußen!
Alle Pilger müssen die Herbergen spätestens um 8 Uhr verlassen haben. So auch ich. Mit dem Gepäck auf dem Rücken ging es dann los. Nach den ersten Kilometern habe ich mir bewusst die Frage gestellt: „Was empfinde ich nun am Anfang meines Weges, was passiert mit mir?“ Auch die ganz praktische Frage: „Wie kommst du mit dem Gewicht zu Recht?“, weil ich wirklich erstmalig mich mit Gepäck auf dem Rücken auf eine Wanderung begeben hatte, stellte ich mir.
Nun, es stellten sich Zuversicht, Vertrauen und Zufriedenheit ein. Diese standen zwar alle im Gegensatz zu den Beschwerlichkeiten des Weges: Bergauf, bergab, schmale, nasse Pfade, steinig und matschig, strahlend blauer Himmel, aber Wasser von oben vom tauenden Schnee auf den Bäumen. Die Folgen waren: Ich war durchnässt von außen und von innen, durch die Anstrengungen. Und auch durch die beschlagenen Brillengläser konnte ich kaum noch etwas sehen, und ohne Brille wäre ich in jedes Matschloch getreten.

Das fängt ja gut an, dachte ich. Der Leser mag jetzt vermuten, dass mir jetzt schon der Gedanken gekommen sein könnte, wieder nach Hause umzukehren, um es mir dort gemütlich zu machen. So war es aber nicht! Auch wenn sich im Laufe meiner Wanderung solche Tage mit Regen und/oder ausgesprochen harten Anstrengungen wiederholt haben, so möchte ich bereits an dieser Stelle dankbar feststellen, dass mir zu keinem Zeitpunkt der Wanderung auch nicht im entferntesten der Gedanke nach einer Aufgabe gekommen war; für mich eine schöne Voraussetzung für ein positives und zufriedenstellendes Gelingen!
Die ersten Tage waren noch etwas geprägt von verhalten beginnenden Gesprächen mit anderen Peregrinos (spanisch für: Pilger). Das „Sie" hatte noch die Oberhand. Da ich mich aber als ein Teil von Gleichgesinnten empfand, habe ich das „Du" eingeführt.
Ich habe immer ggf. darauf hingewiesen, dass sich alle Pilger auf dem Weg duzen, was alle dann auch gemacht haben. So habe ich auf meine Weise eine Änderung herbeigeführt!

Eine für mich ganz wichtige Erkenntnis habe ich aus einer anderen weit verbreiteten Verhaltensweise der Pilger untereinander gewonnen. Beinahe jeder fragt jeden nach der Motivation oder dem Anlass seiner Pilgerreise. Hier sind sicherlich interessante, aber auch schreckliche Geschichten ausgetauscht worden, da der Vielfältigkeit keine Grenzen gesetzt worden sind. Nur, ich wollte mich schon nach ein paar Tagen nicht mehr an solchen Gesprächen beteiligen, weil ich mich als Fragesteller irgendwie als Voyeur empfand. Das wollte ich nicht. Sich mit den negativen Problemen anderer Menschen zu beschäftigen und damit zu belasten, ist keine gute Voraussetzung für eine positive und fröhliche Grundstimmung. Intensiver Gedankenaustausch ergibt sich von ganz allein, übrigens auch eine Erkenntnis für das normale Leben!
Es ist für mich klar und dem Leser muss es auch bewusst sein, dass ich an dieser Stelle keinen Reisebericht schreiben kann und will. Andere können das viel besser und haben sogar Bücher von ihrem Camino verfasst. Mir liegt am Herzen zu schildern, was der Weg mit mir gemacht hat.

Ich bin bewusst den Weg allein gegangen, um völlig unabhängig sein zu können. Ich wollte mich nur um mich kümmern müssen. Ein Pilger kann immer allein gehen, muss es aber nicht. Wer Anschluss sucht, findet ihn auch jederzeit. Man ist und fühlt sich nie einsam, auch weil auf dem gesamten Weg andere Pilger vor oder hinter einem maximal 500 Meter entfernt sichtbar sind.
Bemerkenswert war, dass ich mein Leben in den ersten beiden Wochen noch einmal emotional und geistig durchlebt habe mit allen Tiefen und auch den paar Höhen.
Und Gedanken an die Familie, besonders zu den Kindern, haben die ganze Zeit einen sehr breiten Raum ein- und starke Tiefe angenommen.
Feste – ich will es mal so nennen – Wanderpartnerschaften für zwei bzw. eine Woche bin ich einmal von Sahagún, 379 Kilometer, bis Sarria, 120 Kilometer von Santiago entfernt, eingegangen. Anfangs kurz mit Fred aus Hamburg, den ich Ende August besucht habe und der eine wunderschöne CD mit seinen Fotoaufnahmen erstellt hat; dann mit Gerty, Mutter von drei erwachsenen Töchtern, und Monique, beide aus Luxemburg. Zwischen uns haben sich so intensive Gespräche entwickelt, wie sie wohl nur auf dem Camino zustandekommen können.

Eine weitere bemerkenswerte Feststellung: Es ist nie vorgekommen, dass ein Pilger einen anderen in irgendeiner Weise gedrängt hat, schneller oder langsamer zu gehen oder ggf. zu warten. Jeder durfte allein über sein Tempo bestimmen – eine sehr ungewöhnliche Verhaltensweise, die auch besonders zum Wohlbefinden beigetragen hat.
Neben den meistens sehr guten Herbergen, den nur leicht schmerzenden Füßen mit Blasenpflaster, der relativ häufigen Teilnahme an Messen mit Abendmahl, der hilfsbereiten Herbergsmutter (Hose genäht), der einzigen – zehn Kilometer langen – Busfahrt von Vilafrio nach Burgos wegen Industriegebiet und mörderischer Hitze, der siebzehn Kilometer langen Strecke von Carrión de los Condes bis Calzadilla de la Cueza nur geradeaus ohne Schatten, ohne Wasserstelle und auf steinigem Weg bei brütender Hitze,

dem hervorragenden Pulpomahl in der berühmten Pulpostadt Melide, dem Friseurbesuch unter Aufsicht meiner zwei Begleiterinnen, den überwältigenden Landschaften, dem zwanzig Kilometer Marsch im Regen, den abendlichen Pilgermenüs mit Rotwein, der Bekanntschaft mit vielen Menschen unterschiedlichster Nationalitäten, der Bewältigung von 774 Kilometer in 36 Tagen – 21,5 Kilometer pro Tag – zu Fuß ohne einen Tag Pause, Tagesmärschen zwischen 11 Kilometer (nur bergauf) und 34 Kilometer, den 54 Stempeln im Credencial del Peregrino (Pilgerpass), dem häufigen Ausruf „Ist das schön!", der freien Zeit nach einem sechsstündigen Tagesmarsch (ca. ab 15 Uhr), Wäsche und sich selber waschen oder dem Abschiedsschmerz von lieb gewonnenen Menschen ist die Frage zu stellen: Was hat der Camino de Santiago mit mir gemacht?
Diese Frage können eigentlich nur die Menschen um mich herum beantworten. Wenn ich mich selber betrachte, so bin ich innerlich sehr viel ruhiger und gelassener geworden, wobei das mit der Ruhe so eine Sache ist. Die Realität setzt einfach auch ihre Zeichen. Ich sehe den Camino als Rückzugsgebiet, als einen Raum der unbeschreiblichen Leichtigkeit, die Mühen beim Wandern sind natürlich da, sie wirken aber nicht auf die Seele, sie sind nur körperlich. Eine jetzt gewonnene Erkenntnis: An den Camino zu denken ist wie beten.
Die Ankunft in Santiago de Compostela, neben Rom und Jerusalem der wichtigste Wallfahrtsort für Christen, hat in mir eine große Leere, Einsamkeit und Traurigkeit hervorgerufen, die sich doch über die ganzen Tage hingezogen haben.
Das Erlebnis „Jeder weint irgendwann einmal heftig auf dem Camino" ist mir leider verwehrt geblieben. Die stündlichen Messen in der Kathedrale von Santiago waren im offenen Hauptschiff beeindruckend, auch wenn es in Seitengängen wie auf dem Rummelplatz zugeht. Hier trifft man Menschen wieder, die man Wochen vorher aus den Augen verloren hat. Das kann kein Zufall sein!
Das Beeindruckendste auf dem Jakobsweg war die Empfindung meiner Losgelöstheit. Das war ein gigantisches Gefühl von geradezu

kathartischer Wirkung. Ich hatte für nichts anderes als nur für mich Verantwortung, brauchte mich um nichts zu kümmern, hatte volle Unterstützung und Vertrauen von meiner Frau. Dieses Gefühl kann man auch im Urlaub nicht erreichen.
Zwei mögliche Abschlussfragen möchte ich noch beantworten, auch wenn die erste sich zu widersprechen scheint. Ich würde in jedem Fall wieder allein gehen wollen, wenn ich mir aber jemand aussuchen sollte, so würde ich mir gern die Begleitung eines oder aller meiner Kinder, Sophia, Anna und York wünschen. Eine Fortsetzung der Wanderung auf dem Jakobsweg ist in meinem Kopf schon geplant. Und zwar von Le Puy-en-Valay bis nach Roncesvalles, meinem diesjährigen Ausgangspunkt.
Ich danke meiner lieben Frau für die emotionale und praktische Unterstützung.

Vertrauen ins Leben

Wenn ich meine Pilgerreisen miteinander vergleiche, so war es sicherlich die erste Etappe, also von Nürnberg nach Ulm, die mir am meisten Geschenke – Lebenslehren – vermittelt hat. Und ich kann wohl sagen, dass ich danach meine Basis wiedergefunden habe und mehr noch – ich möchte es als Vertrauen ins Leben bezeichnen. Es gelang mir seither auch viel besser zu unterscheiden, was gut und wichtig für mich ist und was ich loslassen kann oder auch muss.

Zweimal Sehnsucht und zurück

Thomas O.

Als ich im Oktober 2005 beschloss, eine vierzehntägige Pilgerwanderung nach Santiago de Compostela zu unternehmen, war mir nicht klar, dass diese Entscheidung mein Leben nachhaltig beeinflussen würde. Ich wollte einfach ein wenig Abstand zum Arbeitsleben finden und meine Gedanken sortieren. Dass nach dieser Reise alles anders sein würde, war mir nicht klar.
So machte ich mich auf, um von León nach Santiago zu wandern. Das sind rund 330 Kilometer. Die Strecke führt durch die spanischen Provinzen León und Galizien. Mit einem zehn Kilo schweren Rucksack, schweren Schuhen und einem Filzhut bewaffnet startete ich, bewaffnet deshalb, weil ich in Ermangelung wasserfester Bergschuhe mit den „2er Böcken" meiner Bundesheerzeit startete, was sich als großer Fehler erwies. Die Schuhe waren zwar großartig wasserdicht, aber das Gewicht und die fehlende Dämpfung der Schuhsohlen machten das Gehen zur Tortur.
Das herbstliche Nordspanien machte mir schnell klar, warum Galizien eine sehr grüne, bewaldete Region ist: Es regnet einfach sehr viel. Und so kam es, dass ich von dreizehn Wandertagen neun Regentage hatte. Die Kleidung war nass, und es war fast unmöglich, die Sachen über Nacht zu trocknen. Die Wege waren verschlammt, und jeder Schritt schmerzte. Auch das Schlafen in

Pilgerherbergen mit bis zu fünfzig Mitschläfern in einem Raum bei zwei Duschen war nicht immer ein Vergnügen. Die Geräusch- und Geruchkulisse war teilweise schauderhaft.
Die logische und klare Konsequenz aus diesen Erfahrungen wäre eigentlich das Unternehmen abzubrechen, ein paar Tage Urlaub in einem Wellnesstempel zu machen und wieder heimzufahren. Nur: Logik und Ratio sind am Jakobsweg nicht immer die Entscheidungsgrundlagen.
Beim Pilgern, und ich verwende dieses Wort sehr bewusst statt Wandern, machte ich neue Erfahrungen. Ich erlebte die Höhepunkte beim Erreichen von sehr speziellen Kirchen oder Pässen. Ich erlebte aber auch die eigene innere Leere und Kälte, der man sich stellen und die man besiegen muss. Und ich erlebte großartige Freundschaften zu Mitpilgern aus aller Herren Ländern, ein seltsames Zusammengehörigkeitsgefühl, das mir heute noch rätselhaft und deshalb umso schöner ist.
Man findet auf dem Jakobsweg aber auch eine neue Nähe zu Gott. Gott wird fühlbar, greifbar und das eigene Verhältnis zu Gott wird begreifbarer. Es ist dies kein schleichender Prozess. Die Nähe zu Gott kommt wie ein Hammerschlag. Unbegreifbar und großartig. Er ist auf einmal nah. Nah, wie noch nie in meinem Leben. Und diese Nähe ist geblieben.

Ich erreichte Santiago de Compostela Ende Oktober und war traurig. Traurig darüber, dass der Weg zu Ende war, und dass ich wieder in das Realleben eintreten musste. Ich hatte das Gefühl, mit dem Weg noch nicht abgeschlossen zu haben. Und wie es der Zufall oder vielleicht der heilige Jakob wollte, hatte ich im Mai 2006 die Möglichkeit, mir ein berufliches Fenster von einem Monat zu schaffen. Ich machte mich erneut zum Wallfahrten nach Spanien auf.
Diesmal sollte die Strecke von Pamplona nach Santiago führen und damit auf einer rund 750 Kilometer langen Strecke quer durch Spanien von Ost nach West. Ich hatte bei meinem Anflug und beim ersten Abend in Pamplona Zweifel und Angst. Ist die Erwartungshaltung zu groß? Werde ich die Strapazen von täglich rund dreißig Kilometer Märschen körperlich und seelisch aushalten?

Doch schon nach wenigen Kilometern war mir klar, dass diese Wallfahrt wieder die richtige Entscheidung war. Ich lernte wiederum sehr aufgeschlossene Pilgerfreunde kennen, und das Wetter meinte es diesmal gut mit mir. Es regnete nur an einem von 27 Tagen. Ich hatte das große Glück, noch einmal in mich gehen zu können und noch einmal die Entschleunigung der Zeit mitzuerleben.
Diese Entschleunigung der Zeit ist eine meiner wesentlichsten Erfahrungen, die ich auf meinen Wegen gemacht habe, und sie begleitet mich Gott sei Dank weiter. Die innere Ruhe und Gelassenheit gibt Kraft und Energie und ist nach meiner Meinung eine Grundvoraussetzung für ein erfolgreiches Leben im Beruf und im Privaten.
In der Hektik unserer Tage mit dem Druck, täglich dutzende Entscheidungen zu treffen und einer berauschenden Lebensgeschwindigkeit wird es immer schwieriger, Maß zu halten und zu registrieren, welche Dinge wirklich im Mittelpunkt des Lebens stehen.
Für mich ist das Pilgern ein Weg, wieder zu den wichtigen Dingen des Lebens zu finden. Beim Pilgern passieren mehrere Dinge. Die Zeit entschleunigt sich merklich. Durch den Rhythmus des Gehens ohne Musikberieselung aus dem MP3-Player entwickelt man wieder Ruhe. Die Entscheidungen des Weges beschränken sich auf die Gehdauer, die Pausendauer und wann man essen will. Der Geist wird dadurch viel ruhiger und man hat die Zeit, über die wirklichen Inhalte des Lebens nachzudenken. Am extremsten passiert das naturgemäß beim Pilgern ohne Begleiter.
Es gibt aber durchaus Momente, in denen man an der Einsamkeit am Weg und der Auseinandersetzung mit manchen Themen schwer zu kauen hat. Doch erst aus diesen Erfahrungen erwachsen wahre Stärke und Hoffnung, Die Reflexion des eigenen Denkens und Handelns ist etwas, dem erst wieder Raum geschaffen werden muss. Rudolf Bischof hat das in seinem Buch „Das kleine Buch zum Pilgern“ im Tyrolia Verlag für mich sehr schön beschrieben.

Achte auf deine Gedanken,
denn sie werden Worte.
Achte auf deine Worte,
denn sie werden deine Handlungen.

Achte auf deine Handlungen,
denn sie werden deine Gewohnheiten.
Achte auf deine Gewohnheiten,
denn sie werden dein Charakter.
Achte auf deinen Charakter,
denn er wird dein Schicksal.

(Verfasser leider unbekannt)

So pilgert man, und auf einmal erwischt man sich beim Singen der Schubertmesse. Und Textpassagen, die man bei Messen oft automatisiert singt, werden in ihrem ursprünglichen Sinn passend zu Gefühlen und man bemerkt, dass sie die wirkliche und richtige Ausdrucksform derselben sind.

Du gab'st o Herr mir Sein und Leben,
und Deiner Lehre himmlisch' Licht.
Was kann dafür, ich Staub, Dir geben?
Nur danken kann ich, mehr doch nicht,
nur danken kann ich, mehr doch nicht.

Wohl mir! Du willst für Deine Liebe
ja nichts als wieder Lieb' allein;
und Liebe, dankerfüllte Liebe
soll meines Lebens Wonne sein,
soll meines Lebens Wonne sein.

Diese Textpassagen prägen seit meiner Pilgerung mein Denken, mein Leben und mein Handeln. Sie gaben mir auch die Prinzipien meines Handelns vor:

Können – Wollen – Dürfen – Tun.

Diese vier Worte sind die Quintessenz aus den Erfahrungen und Lehren aus meinen beiden Wallfahrten. Ich versuche, alle Handlungen im beruflichen und privaten Leben nach diesen Worten zu richten. Voraussetzungen dafür sind die Bereitschaft, seine Fähigkeiten und Möglichkeiten einzuschätzen, und der Mut und die Kraft, die Dinge dann auch anzugehen.

> Herr, gib mir die Kraft, das zu ändern, was ich ändern kann, gib mir die Gelassenheit, das anzunehmen, was ich nicht ändern kann, und gib mir die Weisheit, das eine vom andern zu unterscheiden.

Für mich heißt das: Bin ich in der Lage, eine Sache zu tun? Will ich diese Sache tun? Schade ich dabei niemanden? Dann fange ich an es zu tun!

Die Qualität des Lebens und die Qualität der Erfahrungen, die man auf dem Jakobsweg macht, verblassen natürlich. Eine der größten Herausforderungen des heimgekehrten Pilgers ist es, sich die erworbenen Gaben durch Konsequenz und ständige Berücksichtigung der wichtigen Inhalte des Lebens aufzufrischen und auszubauen. Es mag hier eigenartig klingen, aber es ist schwierig einen Zustand, den man als schön und ideal bezeichnet, beizubehalten. Die Einflüsse von außen, die innere Trägheit und das Vergessen auf die einfachsten Dinge sind große Gegner dabei. Ich bin aber überzeugt, dass man sie besiegen kann und damit einer erfüllten Zukunft entgegensieht.

Pilgerstatue nach Saugues

Große Veränderungen

Ein paar Monate nach meiner Rückkehr wurde mir die Wohnung, in der auch meine Praxis integriert war, gekündigt. Es folgten drei Umzüge innerhalb weniger Monate bis alles wieder in geordneten Verhältnissen war. Das kam so: Das Haus, in dem ich nach meinem Ortswechsel eigentlich wohnen und praktizieren wollte, stellte sich bald nach meinem Einzug als Fehlschuss heraus. Die versprochenen Renovierungen wurden nicht erledigt, die Sauberkeit im Treppenhaus ließ zu wünschen übrig, und ein Mitbewohner hörte so laut Musik, dass er noch nicht einmal die Klingel hörte, als ich mich zu beschweren versuchte. Ich war ratlos.
Eines Abends hörte ich plötzlich einen Mann schreien: „Ich bringe Euch alle um!" Auf diese Ansage folgten Geschrei von einer Frau und lautes Weinen mehrerer Kinder. Ich saß da und begann innerlich zu zittern. Der Mann schrie und jagte seine Familie durch die Wohnung im Parterre. Keiner im Haus rührte sich. Deswegen nahm ich all meinen Mut zusammen und ging nach unten. Auf den Weg dorthin rügte ich mich noch, dass ich keinen Gegenstand mitgenommen hatte, um mich gegebenenfalls selbst zu verteidigen. Laut klopfte ich an die Türe und fragte mit fester Stimme: „Was ist hier los?" Ich erhielt keine Antwort – ich hörte nur die Kinder wimmern. Dann wieder Geschrei. Erneut klopfte ich laut und kündigte meinen Anruf bei der Polizei an, wenn es nicht augenblicklich ruhig sei. Die Tür wurde aufgerissen, ein Mann mit wildem Blick und Rastazöpfen schaute mich an und meinte, ich solle mich um meinen eigenen Dreck kümmern und knallte die Tür wieder zu. Es war still. Ich wartete etwa zehn Minuten. Alles war ruhig. Ich ging wie betäubt wieder die zwei Stockwerke nach oben. Ich war völlig perplex. Dann ging es wieder los. Ein weiteres Mal ging ich nach unten, klopfte und drohte mit der Polizei. Kein anderer Hausbewohner kam mir zu Hilfe, obwohl sie alle zuhause waren. An der Tür lauschend, verbrachte ich weitere Minuten. Sollte die Situation noch einmal eskalieren, beschloss ich, die Polizei anzurufen. Aber es blieb ruhig. Wieder in

meiner Wohnung angekommen wurde mir schlagartig klar, dass ich hier in diesem Haus niemals wohnen wollte, geschweige denn meine Praxistätigkeit aufnehmen würde.

Hospitaliera

Vera R.

Für meinen Pilgerweg 2006 in Spanien hatte ich mich entschieden, in Gesellschaft zu gehen. Diese Gesellschaft fand sich mit Gottes Hilfe 2005 auf dem Kirchentag in Hannover.
Ich hatte Gott darum gebeten. Vor der Meditationshalle stieß ich auf einen Bekannten, mit dem ich vor zwanzig Jahren schon einmal über den Kirchentag gezogen war. Er fragte mich, ob ich denn Lust hätte, 2006 mit ihm den Jakobsweg in Spanien zu gehen. Ich guckte zum Himmel, sagte „Danke!“ und antwortete: „Ja, gerne!“ Oh je, damit hatte er wohl nicht unbedingt gerechnet, nun hatte er sich was eingebrockt.
Zufällig wohnen wir beide im gleichen Ort. Wir trainierten zusammen, testeten manche Materialien aus und hatten viele Übereinstimmungen, es müsste klappen.
In der Praxis stellte sich dann heraus, dass wir leider keine Berge gewandert waren und Probleme mit der Sommerhitze hatten. So machte mein Pilgerbruder schon nach acht Kilometern in den Pyrenäen schlapp. Dank vieler Pausen schafften wir die Strecke dann in vierzehn statt in acht Stunden. Meinen körperlichen Einbruch erlebte ich in der Meseta auf dem Rollkies. Eines Tages konnte ich plötzlich nicht mehr richtig mit dem linken Fuß auftreten. Mit Hilfe von Gewichtsverlagerung auf die Stöcke, reduziertem Tempo und kürzeren Strecken konnten wir weitergehen und brauchten keinen Tag zu pausieren.
Und wie es so ist, hatten wir zwar keine Blasenprobleme, dafür tat es aber mal in der Schulter, den Hüften, den Knien, Waden weh. Auch sahen wir viele andere PilgerInnen mit ihren „Wehwehchen“. Das war Anlass genug für mich, Gott zu geloben, dass ich gerne bereit wäre, als Hospitaliera (freiwillige Helfer/innen in

den Herbergen) im Jahr 2007 zu arbeiten, wenn wir denn beide unversehrt in Santiago de Compostela eintreffen würden.
Wir kamen beide gesund am Ziel an, erfüllt, dankbar und traurig zugleich, weil wir „schon", ganz nach Plan, angekommen waren. Gesagt, getan, nun bewarb ich mich bei der Jakobsgesellschaft, besuchte das Vorbereitungswochenende in Limburg und meldete mich beim Spanischkurs an.
Letztendlich war ich im April und Juni 2007 in Spanien. Das erste Mal in La Faba im kastillischen Gebirge, betrieben von der Stuttgarter Gesellschaft. Hier wollte ich gern einmal Dienst tun, weil mich der Ort so ansprach. Es klappte gleich im April, da kurzfristig jemand fehlte.
Als dann noch Gelegenheit war, bin ich kurzerhand nochmal in fünf Tagen nach Santiago gepilgert.
Für die zweite Junihälfte bin ich von der Jakobusgesellschaft nach Santo Domingo de la Calzada geschickt worden. Es waren wunderbare vierzehn Tage mit viel Arbeit, besonderen Begegnungen, Gesprächen und Eindrücken. Hier wäre die liebevolle Betreuung der Cofradia (Laienbruderschaft, die die Herberge betreibt) zu nennen. Am 1. Juli 2007 bekam ich die Einladung, an einer Prozession teilzunehmen. Wir pilgerten zum Geburtsort von Santo Domingo und erlebten den Gottesdienst, die Prozession mit der lebensgroßen Holzfigur von St. Domingo, den Tanz der Knaben zur Musik, die Verehrung der Reliquie und dem gemütlichen Beisammensein. Ohne die vorher geknüpften Kontakte hätte ich sicher nie davon gewusst und auch nicht den Mut gehabt, an dieser Prozession teilzunehmen. Vielleicht ahnt der Leser, dass ich Protestantin bin und mir deshalb Prozessionen gänzlich unbekannt sind. Nach meinem Helfereinsatz machte ich mich noch einmal 17 Tage auf den Weg. Ein Teil der Strecke wurde mit dem Bus zurückgelegt, so konnte ich es nun zum dritten Mal nach Santiago schaffen. Jedes Mal war es anders. Je nach Wetter, Tages und Jahreszeit, Pilgergesellschaft ... wirkte alles ziemlich verändert. Manche Orte erkannte ich kaum wieder.
Im Nachhinein stellte ich fest, dass ich mutiger geworden bin, mich in die Welt zu begeben. Zwar hatte ich immer mit vielen

Menschen auf unserem Ferienhof, mitten auf dem Land, zu tun, brauchte mich aber selten um fahrtechnische Sachen kümmern. Nun denke ich manches Mal: „Vera, das kannst Du, wenn Du es bis nach Spanien geschafft hast!“

Bei meinem Hilfseinsatz und auf dem Weg hatte ich gehofft, Menschen zu treffen, mit denen ich hätte ein Herbergsprojekt zusammen machen können, oder eine Herberge, in der ich für ein halbes Jahr als Herbergsmutter hätte tätig sein können. Auch habe ich gehofft, eine göttliche Eingebung oder Begegnung zu bekommen. Aber meine Hoffnung erfüllte sich nicht.

Also habe ich mir gesagt: „Wenn ich nicht in Spanien bleiben soll oder kontinuierlich für längere Zeit da sein kann, dann muß ich mir in Schleswig-Holstein etwas suchen.“ Wo, wie, was, mit wem?

Da ich sowieso einen Wohnungswechsel plane, bin ich nun fleißig auf der Suche nach einem entsprechenden Haus auf dem Land. Es soll am Pilgerweg liegen, der von Dänemark und durch ganz Deutschland ausgeschildert ist. Ich weiß, dass ich nicht davon leben kann, dass ich aber vielleicht ein sinnerfülltes, selbständiges Leben habe.

So Gott will, werde ich das richtige Objekt zur rechten Zeit finden.

Jakobsweg als Gleichnis

Meine Freundin Helga hatte die rettende Idee. Als Physiotherapeutin kannte sie eine Praxis, in der noch drei Räume frei waren. Dort könnte ich weiter praktizieren und zusätzlich würde ich mir eine kleine Wohnung suchen. Also würde ich Arbeitsort und Wohnort nun trennen. Meine damalige Vermieterin klärte ich über die untragbaren Zustände in dem Haus auf und bereitete sie auf meinen fristlosen Auszug vor, so bald ich eine neue Wohnung gefunden hatte.
Die Mutter, die ich vor den tätlichen Übergriffen ihres Partners schützen wollte, dankte es mir ein paar Tage später, in dem sie mich beschimpfte, warum ich mich in ihre Angelegenheiten einmischen würde. Sie hatte vom Jugendamt Besuch bekommen und dachte, dass ich sie angezeigt hätte. Ehrlich gesagt bin ich damals gar nicht auf den Gedanken gekommen, aber demjenigen, der sich darum gekümmert hatte, gehört meine Hochachtung. So sagte ich es ihr auch und ließ sie stehen.
Auch auf dem Jakobsweg hatte ich ja einige Umwege durch mein Verlaufen zu meistern gehabt. Sollte der Weg eine Art Metapher für meinen Lebensweg sein? Wäre ich achtsamer gewesen, vielleicht hätte ich mir den Kraftakt von mindestens zwei Umzügen sparen können, wenn ich nicht gleich die erste Wohnung genommen hätte. Aber es war sehr schwer, ein geeignetes Objekt zu finden, in dem ich meine Wohnung und meine Praxis integrieren konnte.
Irgendwie wurde ich das Gefühl nicht los, dass der Jakobsweg ein Gleichnis zu meinem Alttagsleben sein könnte. Großartig war, dass ich ja in Ulm angekommen war und dass ich dort mit einer so schönen Feier belohnt wurde. Dieser Gedanke gab mir sehr viel Kraft in der schweren unsicheren Zeit, weil ich glauben wollte, dass ich ebenso nach all den arbeitsintensiven Einpacken und Auspacken mit einem schönen ‚Ankommen' belohnt werden würde. So war es dann auch: In den drei Praxisräumen, die mir Helga vermittelt hatte, praktizierte ich bereits wieder. Dazu fand ich

noch eine schnuckelige Wohnung mitten in der Fränkischen Schweiz. Dieser ganze Kraftakt war natürlich nur möglich gewesen, weil ich von etlichen Freunden unsagbar unterstützt wurde. Meine Existenz war gesichert, ich hatte ein Einkommen und ein Zuhause. Ich war einfach nur glücklich und unendlich erleichtert, dass alles so gut ausgegangen war.

Midlife crisis

Gerhard F.

Ich hatte nach einer, für mich und meine Umwelt (dazu zähle ich jetzt mal meine Familie, meinen engeren Bekanntenkreis und meine Dienststelle) durchlebten sogenannten *midlife crisis*, in der ich sicherlich viel Leid und Ungerechtigkeit verbreitet habe, wieder etwas gut zu machen. Da letztlich alles wieder gekittet werden konnte, fühlte ich aus Dankbarkeit, eine Schuld abtragen zu müssen.
Auch hielt ich es nicht für selbstverständlich, bisher von Krankheiten verschont geblieben zu sein, dass ich in meinem Leben nicht einen Tag arbeitslos war und niemals bis dato hatte Not leiden müssen. Ich hatte einfach das Bedürfnis, mich zu bedanken. Da ich katholisch erzogen worden bin und auch weiterhin zu meinem Glauben stehe, bot sich der Jakobsweg an.
In einem Zeitraum von zwei Jahren, von ersten Gedanken daran bis endlich dahin, dass der Jakobsweg für mich zu einem MUSS wurde, hat mich der Gedanke daran, mich durch diese Pilgerreise zu bedanken, nicht mehr losgelassen.
Ich gehöre nicht zu dem Personenkreis, der sich auch sonst mit dem Begriff des Wanderns befasst hat, war nie sonderlich sportlich und hatte immer mit Übergewicht zu kämpfen.
Im Nachhinein fand ich auf dem Jakobsweg die nötige Gelegenheit, mich mit den Geschehnissen der vergangenen Jahre zu beschäftigen. Vieles habe ich vor meinem geistigen Auge noch mal durchlebt und die Richtigkeit meines Handelns hinterfragt. Ich kann mir keine bessere Lösung zur Vergangenheit- bzw. Problembewältigung vorstellen. Hier findet man den Weg zu sich selbst

und auch den Weg zu Gott, man muss es nur wollen und offen und ehrlich zu sich selbst sein.
Stressabbau und Gewichtsreduzierung waren auch wesentliche Merkmale der ersten Zeit nach der Rückkehr aus Santiago, aber leider nicht nachhaltig.
Als Pilger sind wir unterwegs, also auf dem Weg, um nicht an einem Ort zu verbleiben. Genauso sehe ich es auch mit den persönlichen Beziehungen auf dem Weg.
Ich habe die Erfahrung gemacht, unterwegs fast immer auf dieselben Personen zu treffen, es bauen sich während des Weges sicherlich „Beziehungen auf Zeit“ auf. Später in Santiago hält man Ausschau nach den „Bekannten“, und man ist glücklich mit ihnen, wenn man weiß, auch sie haben das Ziel erreicht!
Aber zum Abschied hat keiner der mir bekannten Pilger den Wunsch geäußert, eine, wie auch immer geartete Beziehung einzugehen. Wir alle waren uns darüber einig, einen kleinen Teil eines Lebensweges gemeinsam gegangen zu sein. Wir haben viel erlebt: Wir haben zusammen gegessen und getrunken; gemeinsam gelacht und mit dem Andren zusammen gelitten, und wir haben uns geholfen, wo es notwendig war und wo wir es konnten. Am Ziel haben wir uns wieder getrennt und herzlich von einander verabschiedet – und jeder ging wieder SEINEN Weg. Mein Gefühl und Verstand sagten mir: Es war gut und richtig so!
Keine meiner sicher vielfältigen Aktivitäten hat einen so nachhaltigen Eindruck hinterlassen wie der Jakobsweg! Selbst drei Jahre danach beschäftigt mich dieses Thema immer noch mit einer Intensität, die ich nicht für möglich gehalten habe. Der Jakobsweg ist in mir noch stets präsent. Nicht nur, dass er nicht mehr aus meinen Gedanken zu entfernen ist, ich besuche auch regelmäßig die einschlägigen Foren im Internet. Und, nicht zuletzt, bestimmt auch die Auswahl der zu lesenden Bücher oftmals der Jakobsweg. Dabei halte ich das Spektrum bewusst breit, von historischen Berichten und Romanen über Gegenwartsliteratur und Reiseberichte.
Abschließend behaupte ich, dass „der Weg“ auch nach dem Weg noch einen breiten Raum in meinem Leben beansprucht.

Welche direkten Auswirkungen hat der Weg auf mich gehabt? Sicherlich stellte sich bei mir eine große Zufriedenheit ein, etwas Derartiges angegangen und auch vollendet zu haben. Aber als wirklich nachhaltig sehe ich, den „Blick für das Wesentliche" geschärft zu haben, eine Gelassenheit gefunden zu haben, die auch von meinen Kollegen als Geschenk empfunden wird.
Das für mich herausragendste Erlebnis war sicherlich die Pilgermesse am Tage meiner Ankunft in Santiago. Ich hatte ein Gefühl, mich einer ungeheuren Last entledigt zu haben. Ich saß still in einer Bank, war unfähig zu denken, sondern fühlte mich unendlich leicht. Dass mir Tränen in die Augen stiegen, ist sicher nicht verwunderlich.
Dies hat mich so beeindruckt, dass ich in den nächsten zwei Tagen, die ich noch in Santiago blieb, immer die Pilgermesse um 12 Uhr aufsuchte. Ein ähnliches Glücksgefühl wie am ersten Tag stellte sich allerdings nicht mehr ein. Obwohl mich die Messe immer wieder sehr beeindruckte.

In Begleitung

Der Beginn meiner zweiten Tour von Ulm nach Konstanz war dahingehend etwas Besonderes, weil mich mein Patenonkel Peter für einen Tag – bis zur Herberge nach Oberdischingen – begleiten wollte. Genauso, wie im Jahr zuvor mein Ankommen gefeiert wurde, gaben jetzt Magda und Peter ein kleines Abschiedsfest. Sogar Renate, eine Freundin meiner verstorbenen Mutter, war mit ihrem Mann gekommen, um mich mit guten Wünschen zu versehen auf den Weg zu schicken. Sie schenkte mir noch einen kleinen Stein, der mich beschützen und mir im Falle eines Falles viel Kraft schenken möge.
Wir starteten schon frühmorgens, denn es sollte ein sehr heißer Tag werden. Es war etwas ganz Neues für mich, jemanden an meiner Seite zu wissen. Anfangs hatte ich schon ein bisschen die Bedenken, dass es mir unangenehm wäre oder wir unterschiedliche Gehgeschwindigkeiten hätten und sich dadurch Probleme ergeben könnten. Aber es war einfach ein perfekter Tag. Peter und ich hatten das gleiche Marschtempo, und auch die Pausenregelung war für uns beide ähnlich. Ich genoss es sehr, nicht mehr ständig allein auf die Zeichen achten zu müssen. Zudem kannte sich Peter durch seine berufliche Tätigkeit als ehemaliger Geschäftsführer eines Fachbetriebes für Wärme und Wasser hervorragend in meiner ehemaligen Heimat aus. Er verhinderte damit einige Male, dass wir uns verliefen, wenn wieder mal die Muschelzeichen am Weg fehlten. Es war ein rundum schöner sonniger Tag, den wir gemeinsam in Oberdischingen mit einem guten Essen abschlossen. Ich habe spüren dürfen, wie schön es ist, gemeinsam einen Weg zu gehen, und vor allem, wie viel leichter.

Ein männliches Wesen mit einer orangenen Baskenmütze

Irmgard E.

Der Camino hat meine gesamte Haltung, innerlich wie auch äußerlich, verändert.

Auch nach über einem Jahr danach ist das noch nachhaltig spürbar, z. B. meine mich bis dahin oft begleitenden Rückenschmerzen treten sehr viel seltener auf. Ich habe eine sichtbar gerade Haltung bekommen. Auch meine innere Einstellung zum Leben hat sich positiv verändert. Auf dem Weg habe ich Vertrauen gelernt. Mir wurde irgendwann klar, dass ich alles bekomme, was ich brauche. Dieses Gefühl konnte ich in meinen ganz normalen Alltag übernehmen. Auch nach über einem Jahr ist das noch spürbar. Ich bin viel gelassener und fühle mich zufriedener
Außerdem habe ich entdeckt, dass ich Durchhaltevermögen besitze, von dem ich vorher nichts ahnte. Auch bin ich viel öfter in der Natur unterwegs, habe einfach Lust, mich im Freien zu bewegen.

Ein besonderes Erlebnis:

1. Tag, 9.30 Uhr
Seit eineinhalb Stunden bin ich unterwegs. Es ist atemberaubend beschwerlich und atemberaubend schön. Ich bin in der Welt, und die Welt ist in mir. Meine Gedanken werden laut, wundersame Sätze formen sich; ich spreche sie aus und wir fliegen.

14.30 Uhr
Ankunft in einer privat geführten Pilgerherberge. Ein großer Gastraum und eine Terrasse. Mein Pilgerführer schreibt: „Es ist zwar teurer, aber gemütlich und freundlich. Wird von einem jungen engagierten Basken geführt."
Leider ist die Herberge belegt, und der Wirt ist super unfreundlich. Ich sitze inmitten vieler Menschen auf der Terrasse mit einer wundervollen Sicht in die Berge und werde nicht bedient. Viele große Autos stehen auf dem Parkplatz, das sieht für mich nicht nach einer Pilgerherberge aus, eher wie ein schickes kleines Hotel. Die Leute starren mich an – seltsam.
Ich stehe auf und gehe, ohne meinen heiß ersehnten Kaffee. Ein paar der Gäste klatschen freundlichen Beifall. Das hat mir den Ärger ein bisschen genommen. Aber trotzdem:

Kein Kaffee,
keine Bedienung,
keine Herberge.

Ich werde wohl draußen schlafen müssen, falls ich keine Bleibe mehr finde. Im Pilgerführer ist keine mehr eingezeichnet bis Roncesvalles. Hoffentlich ist es nicht zu kalt. Habe doch nur einen relativ dünnen Schlafsack dabei. Freiheit hat ihren Preis. Mal schauen, wie ich das hinkriege …
Ich verlasse diese ungastliche Stätte und laufe noch zwei bis drei Kilometer. Schaue mir während der ganzen Zeit die Seitenränder des Weges an, ob ich mich dort niederlassen könnte, um halbwegs geschützt zu übernachten. Nix … alles ist voller Schafsknüttel. Nicht wirklich einladend, eher eklig. Bin etwas verzweifelt und bete: „Heiliger Jakobus, jetzt kannst nur Du mir noch helfen!“ Keine Menschenseele ist mehr unterwegs. Die Pilger haben wohl schon alle ihre Betten belegt. Es geht auch schon auf 17.00 Uhr zu.
Da sitzt doch tatsächlich am Wegesrand auf einem großen Stein ein männliches Wesen mit einer orangefarbenen Baskenmütze. Ich spreche ihn an, frage, ob er eine Herberge in der Nähe weiß, oder einen geschützten Platz kennt. Er erklärt mir auf Englisch, dass sich die nächste Unterkunft in Roncesvalles befindet, also noch gut achtzehn Kilometer und es ist schon 17.00 Uhr. Er erzählt weiter, dass es hier in den Bergen einen Zeltplatz gibt, mit einem großen und einem kleinen Tipi. Wenn ich Lust hätte, würde er mich dahin bringen. Also folgte ich ihm, mit ziemlich gemischten Gefühlen, muss ich gestehen (habe wahrscheinlich zu viele Krimis gesehen/gelesen). Einfach nur vertrauen fällt mir schon schwer, ich gebe es zu. Denke an meine Reisekasse und den Ausweis. Hoffentlich hat Gilles mein anfängliches Misstrauen, meine Angst nicht gespürt, denn dafür muss ich mich im Nachhinein etwas schämen.
Eine halbe Stunde geht es nur bergauf, über Wiesen und Schafsknüttel, auf eine Alm oder so etwas Ähnliches. Da stehen in der Tat ein paar Zelte. Eines davon ist sehr groß und sehr schön in blau-weiß. Gilles, Mitte Dreißig, stellt sich als Bewohner dieses

Zeltplatzes vor. Er lädt mich ein, über Nacht zu bleiben. Dann bereitet er einen wunderbaren Salat mit Bergkäse und Sprossen. Ich frage ihn, warum er mich einlädt. Er erzählt, dass er vor ein paar Jahren selbst als Peregrino unterwegs war auf dem Weg nach Compostela ohne eine Peseta. Damals hat er so viel Hilfe erfahren von fremden Menschen, dass er sich zur Aufgabe gemacht hat, dies an Pilger zurückzugeben und zu helfen.
Wir unterhalten uns auf Englisch. Er erzählt mir von den Basken, von dem Land, von der Energie, die von diesem Platz ausgeht, auf dem wunderschöne alte Buchen und Eichen stehen.
Irgendwann geht Gilles dann los, um Feuerholz zu besorgen. Er bringt ein Bündel Brennholz ins Zelt und setzt kleine Hölzer in der Feuerstelle auf. Dann zurrt er an einer Schnur seines Tippis, öffnet es nach oben, so dass der Qualm abziehen kann. Abends spät kommen noch fünf junge Radfahrer, die auch im Zelt übernachten. Gilles kocht für alle. Wir trinken Rotwein und schlafen dann zu siebt im Zelt. Am Morgen bin ich recht früh raus. Gilles ist schon auf. Ich verabschiede mich nach kurzer Morgentoilette (Zähneputzen). Meinem Gastgeber biete ich Geld an, für die Bewirtung, was er ablehnt mit den Worten: „Gib das irgendjemand, von dem Du denkst, dass er bedürftig ist, denn ich brauche es nicht.“ Zum Abschied schenkt er mir noch seine wunderschöne orangene Baskenmütze und bringt mich wieder auf meinen Weg.

1.250 Schritte

Eine riesige Überraschung, wenn auch nicht unbedingt angenehme, war die Entdeckung, wie lange ein Kilometer zu Fuß sein kann.

Sehr spannend war für mich auch das Entdecken, wie viel Zeit ich brauche, eine Tagesetappe von 25 Kilometer zu gehen, und wie schnell ich diese Strecke mit dem Auto gefahren wäre. Für eine Wegstrecke über ca. 25 Kilometer, benötige ich mit dem Auto etwa zwanzig Minuten; zu Fuß und mit Rucksack bin ich bestenfalls sechs Stunden ohne Pause unterwegs, bei in etwa gleichbleibender Geschwindigkeit und halbwegs ebenem Gelände. Das entspricht einer ganzen Tagesetappe.

Im Internet erhielt ich sogar die Information, dass für einen Wanderer mit einer Schrittlänge von 80 Zentimeter für einen Kilometer 1.250 Schritte nötig sind. Ich zweifle erheblich daran, dass ich eine derartige Schrittlänge aufweisen kann, obwohl ich relativ groß bin. So gesehen kann sich ein Kilometer unendlich in die Länge ziehen, bei Hitze, Durst, Erschöpfung und den schmerzenden Füßen und einer dadurch immer reduzierteren Schrittlänge …

Am Anfang einer neuen Jahresetappe dauert es ein paar Tage, bis ich wieder ein Gefühl für die Entfernungen bekomme und mir damit meine Kräfte entsprechend besser einteilen kann. Durch das viele Autofahren geht dieser Instinkt völlig verloren. Ein Herbergsvater in Deutschland hat mir einmal erzählt, dass er glaubt, dass das Gehen auf dem Jakobsweg für uns Menschen am zuträglichsten sei. Ich glaube das inzwischen auch. Damit will ich aber nicht die Leistung der Rad-/Pferdpilgern schmälern (und schon gar nicht die der Rollstuhlfahrer!) Dennoch ist das Gehen ohne Hilfsmittel uns angeboren. Und in dieser so schnellen Zeit, in der Information in Bruchzeilen von Sekunden weitertransportiert werden und Wegstrecken fast grundsätzlich mit dem Auto, Bus, Zug oder Flug oder anderen Fortbewegungsmitteln überwunden werden, ist es für mich wichtig, Körper, Geist und Seele innehalten zu lassen, wieder auf den Ursprung zurückzukommen und die Langsamkeit des Seins zu spüren. Anfangs spüre ich das oft auch als Beschränkung. Ich fühle mich gefangen in diesem schnellen Rhythmus meines Alltags und versuche, die Kilometer zielorientiert abzulaufen. Die Natur lässt mich aber immer wieder innehalten, damit ich sie bestaune. Auch der eigene Körper sendet Signale, wenn eine Pause wichtig ist. Und langsam gewöhne ich mich dann an das neue Zeitgefühl. Es geht ja auch nicht darum, nur mal für einen Tag 25 oder 30 Kilometer zu laufen, sondern über mehrere Wochen lang.

Eine Sprache, die jeder versteht

Edeltraud R.

Für mich ist es schön und auch erholsam, wenn ich betend über Gottes Liebe, Güte, Größe, Allmacht ... durch die Natur wandern kann und dabei Land und Leute kennen lerne. Im Herzen reich beschenkt, gehe ich dann mit neuer Kraft wieder in den Alltag zurück. In kleinen Dingen hat sich doch so manches verändert. Ich glaube daran, dass meine Hingabe an Gott mit Ihm diesen Weg zu gehen, das Gebet, Früchte tragen wird, die für mich noch unsichtbar sind.

Die Erfahrungen auf meinen Jakobuswegen haben mir selbst Mut, Vertrauen, Kraft, Stärke geschenkt. Im täglichen Leben gehe ich die Dinge selbstbewusster an und vertraue darauf, dass sich im Leben immer wieder alles zum Guten wendet, auch wenn ich menschlich gesehen manches nicht so recht verstehen kann.

Ich kann keine Fremdsprache, so hatte ich schon meine Bedenken, wie es mir dann wohl auf meiner Pilgerreise damit gehen wird. Aber es war immer zur rechten Zeit ein Mensch da, der auf meine Frage nach dem Camino Santiago mir durch Handzeichen den Weg gezeigt hat. Das war für mich sehr beruhigend und schenkte mir Mut, weiterzugehen. Eine große Hilfe war es auch bei der Essensbestellung, dass die Wirte einige Worte Deutsch verstanden.

Wichtig ist, die Menschen zu grüßen, mit ihnen in Kontakt zu treten, auf sie zuzugehen und nicht nur stumm an ihnen vorbeizu-

gehen, auch wenn man die Sprache nicht versteht. Dabei geschieht Begegnung, das kann ich nicht in Worte fassen. Die Liebe, Gastfreundschaft und Hilfsbereitschaft einem fremden Menschen gegenüber haben mich sehr tief berührt.
Ich bin ein Mensch, der schon versucht, mit Gott in seinem Alltag zu leben. Ich versuche zu sehen, dass alles, was wir empfangen, ein Geschenk ist. Auf meiner Pilgerschaft habe ich sehr deutlich gespürt, dass für alles gesorgt wird, was ich brauche. Zur rechten Zeit hat mir die Gnade Gottes immer das geschenkt, was nötig war.

Pilgerin oder Wandersfrau?

Ich habe mir keine Gedanken darüber gemacht, ob ich nun als Pilgerin oder als Wandersfrau diesen Weg beschreiten würde. Für mich war es damals nicht wichtig. Es war eine spontane Entscheidung, die sich einfach gut anfühlte. Laut dem Internetlexikon Wikipedia stammt das Wort Pilger vom lateinischen Wort *peregrinus* (oder *peregrinari*, in der Fremde sein) ab, was Fremdling bedeutet. Im Kirchenlatein als *pelegrinus* abgewandelt, bezeichnet es eine Person, die aus religiösen Gründen in die Fremde geht, zumeist eine Wallfahrt zu einem Pilgerort unternimmt, zu Fuß oder unter Verwendung eines Verkehrsmittels. Der Anlass kann eine auferlegte Buße sein und das Bemühen, einen Sündenablass zu erhalten, die Erfüllung eines Gelübdes, die Hoffnung auf Gebetserhörung in einem bestimmten Anliegen oder auf Heilung von einer Krankheit, religiöse Vertiefung oder Abstattung von Dank.

La Romieu, Stiftskirche Saint-Pierre

Ich fühle mich als Christin. Kirchenbesuche und Beten waren für mich im Alltag allerdings eher ungewöhnlich. Jedoch sandte ich häufig einen inneren Dank nach oben, wenn mir etwas gelungen war oder einem anderen Mensch durch irgendein Ereignis Glück widerfahren war. Ich wurde evangelisch getauft, spürte aber nie wirklich eine Nähe zu meiner Kirche und meiner Religion. Als junges Mädchen beneidete ich meine katholischen Mitschüler, die zur Beichte durften. Das fand ich viel spannender und interessanter. Außerdem berührte mich schon damals die tiefe Verehrung der Mutter Maria auf eine bestimmte Weise.
Als ich die Information erhielt, dass mehr als die Hälfte meiner bezahlten Kirchensteuer allein für die Verwaltung zur Verwendung kommt, entschied ich mich vor vielen Jahren, aus der Kirche auszutreten. Die ‚gesparte' Kirchensteuer spendete ich gezielt speziellen gemeinnützigen Zwecken und behandelte darüber hinaus einige Patienten ohne Honorar. Zusätzlich nahm ich eine ehrenamtliche Tätigkeit in einem sozialpsychiatrischen Dienst an und betreue dort regelmäßig psychisch kranke Menschen.
Mein Glaube gilt seit jeher einer schöpferischen ‚göttlichen' Kraft als übergeordnete Instanz. Ich habe die Vorstellung, dass alle Lebewesen einen göttlichen Funken enthalten, also ein Teil der göttlichen Energie sind. Eine Hölle oder gar einen Teufel gibt es in meinem Glauben nicht. Die göttliche Kraft vereint das Licht, die Liebe und Vergebung in sich.
Meiner Auffassung nach dienen letztendlich alle Glaubensrichtungen dem einen Ziel: Der Heilwerdung des Menschen durch die Vergebung ... was auch immer das letztendlich für den einzelnen bedeuten mag.

Ich bin der Weg, die Wahrheit und das Leben

Ulrike B.

Vor meiner Pilgerreise besuchte ich den Pilgergottesdienst in Würzburg. Dort erhält jeder Pilger, der möchte, den Segen für die bevorstehende Reise. Dabei darf man ein Kärtchen ziehen

mit einem Sprüchlein, das vielleicht das Motiv für die kommende Zeit auf dem Jakobsweg darstellt, ob man sich dessen gleich bewusst ist oder nicht. Manchen angehenden Pilgern steht dabei die Verwunderung ins Gesicht geschrieben, denn der Satz spricht gleich das eigene persönliche „Thema“ an.
Aber es kann einem auch ganz anders ergehen, so wie es mir geschah, als ich mir im Jahr 2005 den Pilgersegen abholte. Ich wollte ca. 1.000 Kilometer vom heißen Süden in den grünen Norden Spaniens entlang der Via de la Plata wandern.
Ich zog ein Kärtchen mit den Worten „Ich bin der Weg, die Wahrheit und das Leben.“ (Johannes-Evangelium, Kapitel 14, Vers 6) Mein erster Gedanke: „Was für ein blöder Satz, so altmodisch!“ Natürlich kannte ich den Ursprung des Spruches. Doch ich konnte mit dieser Aussage nicht viel anfangen, da ich schon vor Jahren der Kirche und damit dem christlichen Glauben den Rücken zugedreht hatte. Trotzdem steckte ich das Kärtchen in meinen Rucksack und pilgerte los.
Am ersten Etappenziel traf ich Österreicher und Spanier, am zweiten Tagesziel einen Deutschen. Noch ahnte ich nicht, dass ich mit dieser kleinen Truppe den gesamten Weg zurücklegen würde. Auf der Via de la Plata sind die Unterkünfte noch spärlich verteilt, nicht alle fünf Kilometer wie am Camino Francés. Man hat kaum Alternativen für die Tagesstrecken, und ich machte die Erfahrung, dass man mit den Pilgern, mit denen man in Sevilla losgeht, auch zusammen in Santiago ankommt. Diese Mitpilger waren ausnahmslos angenehme Menschen, und so hatte ich nichts dagegen, sie täglich wieder zu treffen. Wir wurden zu Weggefährten.
Diejenigen, die zuerst am Etappenziel ankamen, suchten die Unterkunft und erkundigten sich nach Einkaufsmöglichkeiten bzw. wo man essen gehen konnte.
So vergingen die ersten Tage. Nach einer Woche kamen wir nach Villafranca de los Barros, einem kleinen hübschen Städtchen. Es war Sonntag, und es fand gerade ein Gottesdienst statt. Beim Betreten der Kirche war ich erstaunt: So viele Besucher, so viele Kinder! Die Messe war übervoll. Unser deutscher Mitpilger wollte am Gottesdienst teilnehmen, ich blieb mit einem der Spanier

am Eingang stehen und beobachtete aus ‚sicherer' Entfernung das Geschehen. Als die Kommunion gefeiert wurde, konnte ich mich dann dem Zauber, der sich ausbreitete, nicht mehr entziehen. Mein spanischer Begleiter drückte mir seine Wanderstöcke in die Hände und ging mit Sack und Pack zur Kommunion. Seine Haltung beeindruckte mich, sie drückte Dankbarkeit, Demut und Ergriffenheit aus. Später sollte ich erfahren, dass er eine schwere Krebserkrankung überwunden hatte. Auch mein deutscher Begleiter, der in einer Bankreihe stand und seinen Rucksack abgelegt hatte, wahrte eine derart andächtige Haltung, die mich nachdenklich stimmte. An diesem Tag geschah es, dass ich vom einfachen Wanderer zur Pilgerin wurde.

Auf der Via de la Plata sind spirituelle Angebote für Pilger noch sehr, sehr dünn gesät. Ausnahmeorte sind ganz sicher Alcuéscar, Fuenterroble de Salvatierra und Oseira. Wenn sich die Pilgerseele in den Wochen des Unterwegsseins weitet, keimt auch der Hunger nach Ansprache, und dieser will gestillt werden. So haben wir jedes noch so kleine spirituelle Angebot dankbar angenommen; jedes Zeichen der Nächstenliebe wirkte doppelt so stark.
In Oseira wurde ich von dem Mönch, der sich um die Pilger kümmerte, empfangen. Er fragte mich, ob ich katholisch sei. Ich druckste etwas herum und bejahte seine Frage. Ich hatte ein schlechtes Gewissen, in einem Kloster zu übernachten und nicht in der Kirche zu sein. Damals war gerade der deutsche Papst Benedikt gewählt worden. Der Mönch spürte wohl meinen inneren Kampf und entgegnete mir liebevoll, ich solle ihm die Wahrheit sagen. Und so gestand ich ihm, dass ich aus der Kirche ausgetreten sei. Er antwortete mit einem lächelnden Auge, dass er dem Papst schreiben werde, dass es da eine junge Frau in Deutschland gebe, die nicht brav sei.
Auf dem Weg begegnete mir sehr viel Nächstenliebe. Etwas wurde dabei angeschubst in mir: Ein neuer Weg, dem ich mich nicht mehr entziehen konnte. Ich suchte zunehmend das Gespräch mit meinem deutschen Begleiter, der sein ganzes Leben im lebendigen Glauben verwurzelt gewesen war.

Am Ende des Weges, in Santiago, waren viele Fragen offen, ich suchte Antworten. So suchend kam ich nach Hause und war sogar am Überlegen, wieder in die Kirche einzutreten. Zuhause suchte ich das Gespräch, mit unserem katholischen Ortspfarrer, mit dem evangelischen Pfarrer meiner Heimatgemeinde. Dann kam eine Einladung meines ersten Pilgerfreundes, einem Pfarrer aus Österreich, zu seinem Priesterjubiläum. Ich fuhr hin. Dort ergab sich ein Gespräch zu ‚meinem Thema'. Er riet mir: „Nimm doch an einem Cursillo teil!" Ein Cursillo ist ein kleiner Glaubenskurs. Die Cursillo-Bewegung entstand in den 60er Jahren auf Mallorca, aus der Santiago-Wallfahrt heraus. Ich hatte noch nie zuvor davon gehört. Aber ich spürte, dass es ein guter Vorschlag war.
Danach meldete ich mich zum Cursillo in Bamberg an, da in Würzburg nicht ausreichend Teilnehmer zusammen kamen. Und fuhr im November für drei Tage nach Bamberg. In diesen wenigen Tagen lernte ich Menschen kennen, die im Glauben standen und Menschen, die wie ich auf der Suche waren. Jeder auf seine Weise, aus einem anderen Anlass heraus. Wir waren eine gute Gemeinschaft. Und ich erfuhr dort: Glaube braucht Gemeinschaft. Daher braucht Glaube Kirche.
Ich erlebte, dass Glaube eine Entscheidung ist, Ja zu sagen zu Gott und damit auch zu den Menschen. Drei Wochen später trat ich wieder in die Kirche ein.
Ungefähr zu gleicher Zeit erfuhr ich, dass meine Mutter an Krebs erkrankt war. Ich hatte mich ein paar Jahre zuvor von meiner Familie zurückgezogen. Es gab keinen Kontakt mehr. Dieses Jawort, das ich Gott gegeben hatte, gab mir auch den Mut, gerade jetzt wieder Kontakt zu meiner Mutter, meinen Eltern, aufzunehmen. Der Kontakt besteht noch heute.
Wie hat dieses Kärtchen mit dem anfangs nichtssagenden Spruch doch mein Leben seither bestimmt!

Pilger oder Wandersmann

Ob Pilger oder Wandersmann –
Woran will ich's erkennen?
Ein jeder tut das, was er kann
und will – ganz tief im Herzen drinnen.
Was ist es, was uns ruft und treibt
Auf diesen langen Weg?
Womit will ich's ergründen?
Die Sehnsucht ist's, Sehnsucht nach was –
Vergebung aller Sünden?
Ich denke Gott ist's, der uns ruft;
auch mich schon Jahr und Tag.
Hab nur nicht richtig hingehört;
zu viel auf meiner Seele lag.
Nun hab ich's überwunden.
Hab mich getraut, auf Gott gebaut,
bin meinen Weg gegangen.
Hab mich ihm einfach anvertraut,
um Frieden zu erlangen.
Ob Pilger oder Wandersmann –
Gott fragt uns nicht nach Gründen.
Das höchste Glück – für mich – auf diesem Weg
ist doch zu ihm zu finden.

(mit freundlicher Genehmigung von Edeltraud Goetze)

Die Suche nach Gott

Stefan R.

Ich war reich beschenkt, mit Geld, Job, Gesundheit und einer großen Familie – aber doch unglücklich. Ich bin nach dem Lesen von Hape Kerkelings Bestseller spontan auf die Idee gekommen, zu tun, was man „eigentlich auch mal tun könnte“ – nämlich gehen! Bis dahin habe ich nie an Gott geglaubt. Ganz im Gegenteil. Aber bereits nach meinem Entschluss, auf dem Jakobsweg gehen zu wollen, hat sich mir Gott offenbart, und zwar durch allerlei kleine „Botschaften“ in der realen Welt. Der Zusammenhang wurde mir immer klarer und so bin ich vier Monate später in Saint-Jean-Pied-de-Port als gläubiger Mensch losgelaufen, aber immer noch voller negativer Gedanken.

Gott gibt uns Energie, aber es liegt an uns, etwas damit anzufangen. Einige können damit heilen, andere richten damit nur Unheil an – gerichtet gegen andere oder auch sich selbst, wie in meinem Fall.

Wenn ich heute merke, dass ich mich ärgere, Angst entwickle oder schlecht denke und rede – halte ich sofort inne und stelle das ab. Einfach so!

Ich bin ein völlig anderer Mensch geworden, toleranter, voller Gottvertrauen und täglich (!) im Gespräch mit Gott. Ich versuche nicht, andere Menschen zu missionieren, sehe es aber sehr wohl als meinen „Auftrag“ an, meine Erfahrungen mit anderen zu teilen und sie hierfür so weit wie möglich zu verbreiten.

Meine wichtigste Erfahrung ist, dass es Gott gibt. Man erkennt auf dem Camino, warum es immer heißt: „Gottes Wege sind unergründlich“, indem man auf die kleinen „Warums“ sofort, auf die größeren „Warums“ immerhin später eine Antwort bekommt. Und plötzlich verstehst Du alles. Sich über die eigene Seele Gedanken zu machen – und sie zu finden – ist großartig.

Eine wichtige Erfahrung ist außerdem: Es gibt keine Zufälle. Frage Gott ruhig, warum, warum hier, warum ich, warum jetzt – aber aus tiefen Glauben, aus Hoffnung und Vertrauen, niemals aus Trauer, Wut und Verbitterung – und Du wirst sehen.

Er hat mir vor allem geholfen, meine internen Probleme zu erkennen und zu eliminieren. Man muss wohl erst durch ein elend langes emotionales Tief, dann über den Camino und schließlich … ultreia y suseia … immer voran (nach Santiago) … und höher hinaus.

Man trifft unterwegs wildfremde Menschen, mit denen man sich austauscht, als wären es alte Freunde. Es gibt erstaunlich wenig

Tabus. Man ist zwar aus verschiedenen Motiven heraus unterwegs, aber es gibt diesen „gemeinsamen Nenner." Ich habe Freundschaften geschlossen und immer noch Kontakt mit einigen Mitpilgern. Das Wort Lebensfreundschaft mag aber dennoch etwas hoch gegriffen sein.
Mein Knie hat über weite Strecken Schwierigkeiten bereitet. Später kam eine Periostitis (Knochenhautentzündung) dazu. Ich hatte aber dafür die Chance zu entdecken, wie man mental mit Schmerzen zu Recht kommen kann, sich möglicherweise sogar mit dem Kopf selbst heilen kann. Nicht ignorieren, aber auch nicht damit hadern. Meditiere und vertraue auf Gott. Er hilft – und Santiago …
Ich habe „Tod" und Neuanfang erlebt und meine eigene Seele geblickt. Ich habe erlebt, wie ich von Gott durch eine unglaubliche Verkettung von „Zufällen" gelenkt wurde. Ich habe niemals zuvor solch emotionale Momente erlebt. Als ich erkannt habe, dass meine negativen Gedanken und Gefühle mein Problem sind, und zwar körperlich (das schmerzende Knie) und seelisch, habe ich beschlossen „zu sterben." Nein, ich war nicht lebensmüde, aber ein Mitpilger erklärte mir, dass die Meseta auch für Tod und Neuanfang steht.
Ich kam „zufällig" nach Carrión de los Condes, weil ich mich mal wieder ärgerte und deswegen weiter lief, als ich es an diesem Tag vorhatte und eigentlich vertragen konnte. Dort wollte ich nun also „sterben" und neu anfangen. Abends war Pilgermesse und anschließend Pilgersegen. Der Pfarrer war zuerst ein fürchterlicher Mensch, und ich betete zu Maria, um mich von ihm abzulenken. Plötzlich dachte ich: „Du bist ja schon wieder so negativ, und der Pfarrer ist vielleicht der heiligste Mensch auf dem Camino!" Danach fand ich ihn „erträglicher." Beim Pilgersegen wurde dann gesungen und gebetet, und dann kam der Moment, von dem ich sprach: In einer Schale befand sich ein Haufen Watte. Diese Watte sollte all die schlechten Erfahrungen der Pilger darstellen, Dann wurde sie verbrannt! Alle meine schlechten Erfahrungen und damit meine negativen Gedanken verbrannten dort. Ich bebte und heulte, denn mein Wunsch war wahr geworden: Ich starb dort in Carrión und fing neu an. Ich bedankte mich

anschließend bei der Marienstatue und durfte dem Pfarrer noch helfen, die Maria von ihrem hohen Sockel zu heben, weil sie umgezogen werden sollte. Sie fiel mir in die Arme, und ich nahm ihre Hand – oder hielt sie die meine? Ich werde diesen Moment nie vergessen.

Ich war so glücklich über den „Erfolg", weil ich heil in Santiago angekommen war, so dass ich eigentlich nicht mehr pilgern wollte. Seither habe ich aber so viele neue Denkanstöße bekommen und ich weiß, ich werde wieder nach Santiago gehen, aber diesmal von zu Hause aus, d. h. von München.

Die religiöse Seite entdecken

Da ich es niemals ausschließen wollte, mich doch irgendwann wieder in eine kirchliche Gemeinschaft einzugliedern, wollte ich die Zeit des Pilgerns auch dafür nutzen, meine religiöse Seite neu zu entdecken. So beschloss ich, auf meinen Wallfahrten für meine Familie, Freunde und einigen Patienten zu danken und auch für sie zu beten.
Dieses Vorhaben hatte den Vorteil, dass ich auf meinem Weg eine sinnvolle Aufgabe hatte und nach vielen Jahren Fernhalten aus Kirchen diese wieder in besonderen Augenschein nahm, und zwar mehrmals täglich. Anfangs war das schon gewöhnungsbedürftig, aber dann wurde es zur täglichen willkommenen Routine. Ich fühlte mich wohl dort; die Stille, die kühle Luft, der Weihrauchgeruch und die Anwesenheit gläubiger Menschen zogen mich immer wieder hinein. Es waren eher die kleinen Kirchen, in denen ich mich der Göttlichen Kraft, dem Heiligen Geist oder Mutter Maria nah fühlte. Ich dankte jeden Tag für mein heiles Ankommen sowie für die vielen gute Begegnungen und bat für einen ebenso guten kommenden Tag.

Jeder erhält auf dem Jakobsweg etwas höchst Persönliches

Hugo E.

Es ist mir eine Freude, der Bitte von Anette Goebel zu entsprechen und einige Zeilen über meine Erkenntnisse auf dem Jakobsweg zu verfassen. Ich mache dies in Gedanken an all die Menschen, denen ich begegnen durfte und die mir viel mehr gegeben haben, als ich ihnen hätte geben können: Menschen auf dem Weg, Gastgeber, aber auch Pfarrherren in Furelos, Grañon etc. Auch möchte ich jene Personen einschließen, die ihren Altersabend nutzten, an wichtigen Punkten bereit zu stehen und den Pilgern den Weg zu weisen.
Der Weg von der Schweiz nach Santiago hat mir drei bedeutende Erkenntnisse für meinen künftigen Lebensweg gegeben:

- Gott meint es gut mit uns.
- Es besteht kein Grund, Gott zu fürchten, nur Ehrfurcht ist angezeigt.
- Wir sind von sehr vielen wunderbaren Menschen umgeben.

Die ersten Tage auf dem Jakobsweg ermöglichten mir, dem stetigen Zeitdruck im Arbeitsleben zu entgehen. Von mir selbst oder von Fremden bestimmte Diktate, Unlust, Unbehagen und Unsicherheit entfielen innert wenigen Tagen. Das Gefühl, zu wissen, wie und wohin es weitergeht, entfernt die Gefahr der Überforderung oder aufzugeben.
Fast unbewusst nahm ich Abstand vom gelebten Alltag, richtete mein Leben nach einer einzigen Perspektive ein: dem Ziel. Aus dem Ziel wurde der Weg. Der Begriff Zeit spielte keine Rolle mehr, es war Sonntag, wurde Montag etc. Ich wurde einer der Bestandteile des Weges, ein einfacher Wanderer. Der Weg gab mir Abgeschiedenheit, Stille, aber auch Vertrauen. Wichtig wurde mir die Gemeinschaft mit anderen Pilgern und vor allem den Gastgebern ... wochenlang mit sich allein und mit vielen Menschen unterwegs, ohne etwas Bestimmtes zu suchen.
Der Weg zwang mir einen langsameren Rhythmus auf. Er bot mir kaum Alternativen an für meine verletzten Füße, den schmerzenden Rücken. Er entfachte in mir täglich eine riesige Zufriedenheit, er gab mir das großartige Glück, auf dem Weg zu sein.
Langsam entdeckte ich die vielen Vorzüge des Pilgerlebens: Langsamkeit, Freiheit, Einfachheit, Stille, ungeplante Begegnungen, Unbekümmertheit, Teilen und vieles mehr. Die Beziehung zu mir selbst, zu meinen Mitmenschen, zu Gott, all dies stand, fast unbemerkt zuoberst meiner Tagesordnung. Ich hatte nun Zeit für mich selbst, der Weg gab meinem Leben eine neue Richtung, neue Lebensimpulse und Kraft, meine eigene Situation neu zu bewerten.
Wohin, warum, aber auch wie, woher komme ich?
Der Streckenverlauf verlangt Konzentration und Wachsamkeit, insbesondere dann, wenn Markierungen ganz oder teilweise fehlen oder durch Verwitterung unkenntlich geworden sind. Manchmal

merkte ich dies erst, wenn ich bereits eine ganze Weile ohne richtige Orientierung gegangen bin.
Den Kopf frei machen, völlig abschalten! Mit jedem Schritt wachsen Vertrauen und Verzicht, Bereitschaft zur Mühe (allerdings eher unbewusst) und besonders Gottvertrauen. Mit offenen Augen (man legt seine bisherige Blindheit erst nach mehreren Tagen ab), feststellen und erfahren, dass man nie allein ist, Gott begleitet uns. Er begleitet uns, aber auch unsere Mitmenschen, meine Zwillingsschwester Trudi, die mit mir den Weg nach Santiago teilte.
Seit dem Aufbruch bestätigt sich Tag für Tag, dass alles gut ist, was mir auf dem „Jakobsweg der Freude" passiert. Der Weg hat mir eine weitere Dimension von Gottvater offenbart. Ehrfurcht anstelle von Furcht. Ich freue mich jetzt auf die Begegnung mit Gott, darf ich doch seine Präsenz jeden Tag in seinen Werken im Mitmenschen und der Natur feststellen. Es war sein Wille, uns zu schaffen und sein Plan, uns glücklich zu machen. Ja, ich vertraue ihm meine Gegenwart und Zukunft an, dies erfüllt mich mit einem wohltuenden Frieden und dem Glück der Hoffnung.
Der Weg wurde immer weniger wirkliche Herausforderung. Mehr und mehr nahm ich wahr, was um mich und mit mir geschah, wie sehr sich Mitmenschen um mich bemühten. Ich befand mich in einer Welt, wie Gott sie gewollt hatte. Auf dem Weg begegnete ich leibhaftigen Engeln. Es fühlte sich an, als wäre ich in ihrer Mitte angekommen. Sie hatten sich ganz diskret zum Ziel gesetzt, zu helfen, zu dienen, nützlich zu sein. Seither enthält mein Adressbuch Namen und Adressen von vielen Engeln.
Mein Jakobsweg ist weder in Santiago noch in Cap Finisterra zu Ende gegangen. Ganz im Gegenteil, die 2.100 Kilometer waren nur die ersten, kleinen und zaghaften Schritte auf meinem eigenen Lebensweg, den ich seit Beginn meiner Pilgerwanderung nun bewusst täglich begehe. Wie der Jakobsweg ist mein Lebensweg ein Weg der Freude, aber auch der Mühe. Heute gehe ich mit offenen Augen vorwärts und darf jeden Tag feststellen: Gott liebt uns und begleitet uns gern.
Nicht nur auf dem Jakobsweg gibt es viele Engel, auch bei uns in den Familien, am Arbeitsplatz, besonders dort, wo wir sie nicht

vermuten. Es liegt an uns, sie zu entdecken, sie in ihrem Tun zu unterstützen, ihnen Dankbarkeit zu zeigen. Der Umgang mit Engeln kann auch aus mir einen besseren Menschen machen. Das ist nicht nur mein Wunsch, es ist auch der Wunsch meines Schöpfers, dem Schöpfer, der uns alles gegeben hat und das Schönste und Beste gönnt. An Stelle meiner kindlichen Furcht vor Gott ist tiefe Ehrfurcht geworden. Am Ende des Jakobsweges erwartet mich Gott, ich freue mich riesig auf die Begegnung, ich weiß, dass er mich liebt und das Schönste noch vor uns liegt.

Niemals hatte ich auf meinen Etappen erlebt, dass ich oder andere Pilger mit ähnlichen Glaubensgedanken aus der Gemeinschaft ausgeschlossen oder sonst irgendwie benachteiligt wurden. Jeder durfte so sein, wie er ist, wie er sich fühlte. Auch in Klöstern, in denen ich ein Quartier für die Nacht fand, wurde ich trotz meines gelegentlichen ‚Outings' stets freundlich zum gemeinsamen Gebet eingeladen. Die Güte, Freundlichkeit und Selbstlosigkeit der Geistlichen hat mich immer wieder sehr berührt und nachdenklich gemacht. Aus Dankbarkeit für die stets herzliche Aufnahme in den Klöstern spendete ich nun auch vermehrt für die Erhaltung der Kirchen bzw. Gebetsstätten auf dem Camino und an meinem Wohnort.

Abschied von der Berufstätigkeit

Regine M.

Vor siebzehn Jahren war ich das erste Mal alleine auf dem Jakobsweg in der spanischen Meseta unterwegs. All die landschaftlichen Höhepunkte in Frankreich, die ich danach auf den späteren Etappen sah, begeisterten mich. Fünf Jahre nach meiner Krebsoperation ging ich alleine vom Somportpass in den Pyrenäen bis nach Santiago. An das tiefe Gefühl der Dankbarkeit, als ich mit all den anderen Pilgern die Kathedrale betrat, kann ich mich noch heute erinnern.
Ich überlegte lange, welchen Jakobsweg ich in diesem Frühjahr gehen sollte – ich entschied mich für den Ökumenischen Pilgerweg. Dieser verläuft entlang der ehemaligen Via Regia von Görlitz an der Neiße bis Vacha an der ehemaligen innerdeutschen Grenze. Er ist durchgängig gekennzeichnet, es gibt einen sehr informativen Pilgerführer und ein Netz von Herbergen.
Ich war neugierig auf die ‚neuen Bundesländer'. Davon hatte ich vor der Wende gar nichts und nach der Wende sehr wenig gese-

hen. Außerdem wollte ich, da ich selbst evangelisch bin, gerne auch etwas über die evangelische Kirche in den neuen Bundesländern erfahren.
Immer wieder beeindruckte mich in den Herbergen oder auch unterwegs die Möglichkeit, sich in Gesprächen auszutauschen. Ich erfuhr so vieles – z. B. über die Stellung der Kirche in der Zeit der DDR und jetzt, über die berufstätige Frau in der DDR, über die derzeit hohe Arbeitslosigkeit …
In Siloah, einer evangelischen Familienkommunität, konnte ich zusammen mit einem anderen Pilger an der Nachtwanderung einer Schulklasse teilnehmen, die dort eine Woche verbrachte.
Viele Menschen waren interessiert an dem, was ich erzählte. „Trauen Sie sich das so allein?" – „Haben Sie keine Angst?" Und dazwischen sagte dann eine Frau: „Vielleicht sollte ich auch mal losgehen."

Neben einer Pilgerreise war diese Unternehmung auch eine Bildungsreise. Von den Parks des Fürsten Pückler hatte ich viel gehört – deshalb wollte ich gerne Muskau sehen. Als ich nur meinen Personalausweis vorzeigen musste und über die Neißebrücke in den polnischen Teil des Parks gehen konnte, freute ich mich über all die Veränderungen auf ein vereintes Europa hin. Die Weite des Parks, die großen alten Bäume, die Ruinen der kleinen Bauwerke im Park verteilt und das Neue Schloss, das zum Teil schon restauriert ist – ein idyllischer Ort. Zurück in Görlitz, ging ich voll Bewunderung durch die zum Teil ausgezeichnet restaurierten Straßenfluchten dieser vom Krieg verschonten Stadt. Und ihre herrlichen Kirchen! Auf dem weitläufigen Nikolaifriedhof liegt inmitten von alten Grabsteinen das Grab des Lutheraners Schuhmachers und Mystikers Jakob Böhme.
Im Mittelpunkt der Erfahrungen stand für mich das Erlebnis der Landschaft. Durch unvorstellbar große Weizenfelder und Rapsfelder ohne Ende führte der ausgezeichnet markierte Weg – zum Teil entlang von Wirtschaftswegen, aber auch von kleineren Landstraßen. Ich ging auf traumhaften Wegen durch herrliche Wälder mit uralten Eichen, Buchen … Die Wahl des Weges – zum Teil auch

durch Naturschutzgebiete – bewunderte ich. Auf einem ehemaligen Truppenübungsplatz blühen jetzt die Heckenrosen.
Zunächst machte mir der Wind, die Sonne und die Hitze zu schaffen. Im weiteren Verlauf gab es heftige Regenfälle, und zuletzt erlebte ich ein Gewitter im Thüringer Wald direkt über mir, so dass ich mich das erste und einzige Mal richtig fürchtete.
Ich bin mittlerweile im Ruhestand, 64 Jahre alt und durch die Krebsoperation so behindert, dass ich nur einen Tagesrucksack tragen kann. In Spanien hatte ich damals mein Gepäck transportieren lassen und dazu Hotels gebucht. Das hatte mich aber von dem Großteil der Pilger isoliert und meine Etappen waren im Voraus festgelegt.
So kam ich in Görlitz Ende April mit dem Zug an mit einer großen Reisetasche samt Schlafsack, genügend Medizin und Kleidung für all die Regentage. Ich war guten Mutes, dass es irgendwie schon klappen würde. Und es hat immer geklappt – entweder die Wirte der Pensionen, in denen ich übernachtete, fuhren mein Gepäck und gaben es dort ab, wo ich am Abend eintreffen sollte. Oder ich beauftragte ein Taxi und steckte das Geld in die Vordertasche. Abends fand ich mein Restgeld samt Reisetasche genau dort, wo ich nach einer ordentlichen Etappe zu Fuß eintraf. Hier möchte ich allen Herbergseltern, Pensionswirten und Taxifahrern für ihre freundliche Hilfsbereitschaft danken.
Zu Hause leide ich oft unter Schmerzen und mache regelmäßig Krankengymnastik. Beeindruckend war wieder, wie allmählich die Schmerzen verschwanden, die Etappen und die Gehgeschwindigkeit sich steigerten. Ich beherzigte immer wieder folgenden Satz:

> Fürchte Dich nicht vor dem Langsamgehen,
> aber hüte Dich vor dem Stehenbleiben.
>
> (Chinesische Weisheit)

Mit dem Gehen ordneten sich die Gedanken, manche drängenden Probleme verloren aus der Distanz ihre Schwere. Ich war viereinhalb Wochen unterwegs und ging 440 Kilometer zu Fuß.

Auf dem Weg und in den Herbergen traf ich nur vereinzelt andere Pilger. Diese lange Zeit nur mit mir allein gab mir die Möglichkeit, den Abschied von der Lebensetappe der Berufstätigkeit weiter zu vollziehen und mich mit dem Neuen – dem Ruhestand und dem Alter – auseinander zu setzen. Über meine eigenen religiösen Vorstellungen konnte ich in Ruhe nachdenken und die Möglichkeit für Gespräche – mit anderen Pilgern oder in den Herbergen – war mir hier hilfreich. Immer wieder dankte ich dafür, dass ich nach dieser Krankheit in der Lage war, von Ort zu Ort zu gehen und all dies erleben zu können.

Pilgersegen

Die Etappe von Ulm nach Konstanz auf dem Jakobsweg war die einfachste. Ich hatte in der Zwischenzeit viel von meiner ersten Wallfahrt gelernt. Verlaufen war überhaupt kein Thema mehr, und der Weg erschien mir viel ebener als im Vorjahr. Die Berge, die noch in der ersten Etappe ein Hindernis für mich darstellten, wurden nun zu einer Herausforderung bzw. zu einem sportlichen Ereignis. Freilich geht mir dann und wann doch die Puste aus, aber die Belohnung, von oben herabzublicken, entschädigt mich für all mein Tun. Ich stehe dann still da und betrachte die wunderschöne Natur, die Berge, die Felder, die Seen, die ich nie so gesehen hätte, wäre ich nicht genau an diesem Platz.

Da ich gut vorankam, entschied ich mich ganz spontan zu einem kurzen Abstecher nach Baindt in ein Kleinkonvent. Dort wollte ich zwei Tage pausieren. Ich war bis dato noch nie in einem Kloster oder Ähnlichem gewesen und dementsprechend neugierig. Die Begrüßung war sehr herzlich und die Unterkunft und Essen wirklich hervorragend. Da ich der einzige Gast war, konnte ich mich auch lange mit der Schwester unterhalten, auch über Glaubensfragen. Sie erzählte über ihr Leben und natürlich auch, warum sie sich für diesen Weg entschieden hatte. Zu keiner Zeit fühlte ich mich dort in irgendeiner Weise eingeschränkt. Ich wurde zum Gebet eingeladen, aber auch, wenn ich nicht daran teilnahm, änderte das nichts an der Herzlichkeit im Umgang miteinander.

Nach meinem letzten Frühstück kurz vor meiner Abreise, wollte mir Schwester Carola den Pilgersegen geben. Ich wusste gar nicht, was ein Pilgersegen ist, dachte aber, das könne mir ja nicht schaden. Im Grunde wusste ich gar nicht so genau, was da auf mich zukommt. Was bedeutete es, einen Segen zu erhalten? Aber ich hatte größtes Vertrauen und war bereit, dieses Ritual zuzulassen.

Sie stand vor mir und sprach ihren Segen für mich. Im Grunde war es eine Bitte nach ‚oben', auf mich aufzupassen, aber eben viel schöner ausgedrückt. War ich anfangs noch ganz locker bei der Sache, so wurde in mir mit jedem Wort, dass sie zu mir sprach, eine innere Mauer eingerissen. Ihre Worte berührten mich in einer seltsamen Weise. Ich merkte, wie mir das Ganze etwas unangenehm wurde, weil es mir so nahe ging. Ich konnte es nicht mehr kontrollieren. Es irritierte mich völlig.
Ich fing zu weinen an und fragte mich währenddessen, warum ich denn in Tränen ausbrach. Kein Mensch hatte mich je bewusst gesegnet – jedenfalls konnte ich mich nicht mehr daran erinnern. Ich stand einfach da und heulte irgendeinen inneren Schmerz heraus. Und Schwester Carola blickte mich mit ihren gütigen Augen an und bat für einen guten Weg für mich. Dieses Erlebnis habe ich nie vergessen. Es hat Spuren in mir hinterlassen, die ich nicht in Worte fassen kann. Auch bei späteren Segnungen öffneten sich immer wieder innere Schleusen, und ich finde einfach keine weltliche Erklärung dafür. Später kam mir die Idee, dass vielleicht bei dieser Zeremonie evtl. mein göttlicher innerer Funke berührt wird und dadurch eine gewisse Selbstkontrolle außer Kraft tritt. Für mich ist es eine große Ehre, von einem tiefgläubigen Menschen gesegnet zu werden und empfinde dabei tiefste Dankbarkeit.

In meinem Rücken ist Segen bis hin zu den Bergen.
Vor mir ist Segen bis zu den Bergen,
unter mir liegt Segen auf der Erde,
über mir wölbt sich Segen bis zum Himmel.

So gehe ich, wenn der Morgen anbricht.
Hinter mir bleibt der Segen, wo immer ich gehe.
Vor mir wartet Segen auf mich, wo immer ich gehe.
Und so gehe ich. Wenn der Tag anbricht, gehe ich.

(Von den Navajo)***

Gruppenerlebnis
Hannelore M.

Wir waren eine Gruppe von acht bis zwölf Pilgern meist mit den selben Personen. Das Pilgern hat uns während der zehn Jahresetappen auf ungeahnte Weise geprägt und miteinander verbunden.
Wir sind miteinander einen äußeren und einen inneren Weg gegangen. Miteinander und gleichzeitig, jeder für sich alleine. Der Weg hat uns ausgestattet, gerüstet für unseren Weg durch den Alltag.
Der lange Pilgerweg zu zweit in unserer Gruppe hat unsere Partnerschaft bereichert, vertieft und in beglückender Weise geprägt. Vorbehaltlose Begegnungen mit Menschen und überwältigende Gastfreundschaft bleiben unvergesslich. Das Teilen von Erfahrungen und Lebensgeschichten mit bisher fremden Menschen war wohltuend und bereichernd.
Ich habe das Laufen in der Gruppe als Geschenk erlebt, könnte mir aber auch vorstellen, allein den Weg zu gehen.
Jedes Jahr meldet sich die Sehnsucht an einen erneuten Aufbruch und nach der Erfahrung, auf dem Weg zu sein, offen und aufmerksam im Augenblick.

In der Schweiz

Die Schweiz möchte ich unbedingt als tolles Pilgerland empfehlen. Die Landschaft ist wunderschön, die Menschen sehr freundlich. Das fröhliche „Grüzi“, mit dem jeder gegrüßt wird, weckt die innere Motivation, wenn es mal nicht so gut läuft. Auf dem Weg über Einsiedeln, Fribourg Lousanne nach Genf gibt es ein Netz von relativ günstigen Unterkünften. Man bekommt für umgerechnet ca. 20 bis 25 Euro eine Dusche, ein Nachtlager (auf Stroh) und ein reichhaltiges Frühstück – wie ich finde, das Beste, das ich auf meinen gesamten Jahresetappen bekommen habe.

Für die Tour quer durch die Schweiz nach Genf nahm ich mir drei Wochen Zeit. Über zwei Wochen war ich wieder nahezu alleine gelaufen. Langsam bekam ich ‚Bedarf‘ nach mehr Gesellschaft. In Fribourg blieb ich für zwei Tage zum Ausruhen in einem Kloster. Danach wollte ich mit den neuen Kraftreserven bis Romont – fast 28 Kilometer – laufen. Das war wegen meiner Fußprobleme entfernungsmäßig die absolute Höchstgrenze. Ich startete schon gegen 6.30 Uhr morgens, um genügend Pausen unterwegs einlegen zu können.

In Autigny wurde mein Wunsch nach Gesellschaft erhört. Ich traf in der Kirche wie zufällig auf zwei ältere Herren, Roland und Herbert aus dem heimatlichen Frankenland (welch ein wunderbarer Zufall!), und Claudia, eine junge Österreicherin.

Voller Freude schloss ich mich ihnen an. Für Claudia war leider in Romont Endstation, und so feierten wir abends bei einem gemütlichen Abendessen ihren Abschied. Die restlichen Tage bis Genf wollte ich zusammen mit Herbert und Roland pilgern. Es war eine lustige Zeit mit den beiden und völlig unkompliziert, wäre da nicht Rolands nächtliches sehr geräuschvolles Schnarchen gewesen. Einmal musste ich deswegen nachts ein paar Stunden auf einer Parkbank direkt am Genfer See nächtigen, um wenigstens ein bisschen Schlaf zu bekommen. Leider wurde just in dieser Nacht der Schweizer Nationalfeiertag gefeiert. Pünktlich um null Uhr schossen die Raketen in die Luft, und dazu wimmelte es plötzlich von Leuten um mich herum.

Leicht beschwipst sahen sie wohl in mir einen Penner und machten sich einen Spaß damit, mich zu piesacken. Etwas genervt ging ich dann wieder in unser Dreierschlafzimmer und entschied, am nächsten Morgen mal richtig auszuschlafen und nachmittags mit dem Schiff die letzten Etappen nach Genf zu fahren. Herbert und Roland wollten noch eine kürzere Etappe zu Fuß gehen und mich dann unterwegs auf dem Schiff treffen. Das klappte prima. Gemeinsam schipperten wir an dem Genfer Wahrzeichen, der Fontaine, vorbei nach Genf. Dort verabschiedeten wir uns voneinander. Die Herren wollten noch ein paar Tage weiter pilgern, und ich kaufte noch mein Zugticket für den nächsten Tag und ging anschließend in die Jugendherberge, um mir ein Zimmer zu reservieren.
Von Roland erfuhr ich auch von einem Jakobuspilgerstammtisch in der Nähe meines Wohnortes. Über diesen Hinweis freute ich mich wirklich sehr, denn mir fehlte der Austausch mit anderen Pilgern. Ich beschloss, gleich nach meiner Heimreise mich nach dem nächsten Treffen zu erkundigen.
So lernte ich dann eines Tages Dieter, den Stammtischgründer, und andere Pilger aus dem Umkreis kennen. Er war die gesamte Strecke 2004 mit dem Fahrrad gefahren, von seinem Zuhause im fränkischen Wimmelbach bis Santiago. Wir können uns wirklich keinen besseren Leiter wünschen als ihn. Er organisiert mit großer Leidenschaft die Treffen und hat immer wieder neue Ideen, den Stammtisch publik zu machen.
Die Anzahl der Mitglieder und Interessenten wächst immer mehr. Ich durfte viele interessante Menschen dort kennen lernen und bekam viele nützliche Infos für meine späteren Etappen und nicht zuletzt natürlich auch einige Geschichten für dieses Buch.

Gelassenheit

Nils T.

Mit dem Punkt 11 (lt. Fragebogen: „Was hat sich ca. einem Jahr nach deiner Pilgerwandung in deinem Leben verändert") ist das so eine Sache. Ich war vor dem Sommer und auch danach (bis Novem-

ber) beruflich in einer sehr angespannten Situation. Meine Tätigkeit hatte sich verändert, quantitativ und qualitativ. Gleichzeitig sollte mein Gehalt gekürzt werden. Mit meinem Chef lag ich im Streit wegen einer neuen Tätigkeitsbeschreibung und Einstufung. Mit meinen Kollegen gab es Unstimmigkeiten wegen der Arbeitsverteilung. Hier arbeiten viele „Alteingesesessene", die manchmal etwas schwerfällig sind, wenn es um Veränderungen und um Anpassungen geht. Wie dem auch sein mag. Auf jeden Fall hat mir der Pilgerweg Kraft gegeben. Ich kann nicht genau sagen woher – vielleicht weil es ein alter Weg ist, vielleicht weil ich es geschafft habe ihn zu gehen, körperlich und seelische Überwindung geleistet habe. Es ist auf jeden Fall so, dass mich seitdem viele Probleme und Konflikte nicht mehr so treffen. Ich sehe vieles gelassener. In einige Besprechungen, was meine Situation hier an meinem Arbeitsplatz betraf, bin ich mit einem ganz anderen Selbstbewusstsein gegangen und habe überraschende Erfolge erzielt. Selbstbewusst und konfliktfähig war ich vorher auch. Nur jetzt fühle ich mich meinem Gegenüber anders überlegen, ich bin auf eine Art unverletzlich geworden. Ich hab mir dann auch mal überlegt, dass es sich nicht lohnt, mich mit dieser Arbeit kaputtzumachen bzw., dass ich auf die Arbeit nicht angewiesen bin. Ich war mir sicher, im Fall des Falles eine andere Tätigkeit zu finden. Sollte es also tatsächlich vorbei sein, dann würde ich ein halbes Jahr auf den Jakobsweg gehen. Das waren meine Gedanken, und vielleicht ist davon was nach ‚draußen' gedrungen und hat mir eine gewisse „Überlegenheit und Gelassenheit" verschafft.
Ansonsten ist natürlich das Pilgern eine sehr lehrreiche Erfahrung in Sachen einfaches Leben. Man kann nicht mehr mitnehmen, als man tragen kann. Wir hatten kein Handy dabei, das hatte ich vergessen. Wir haben auch auf Annehmlichkeiten wie Hotels oder Pensionen verzichtet. Wir haben uns auch nicht an den Herbergen angemeldet, sondern sind einfach morgens losgegangen und abends angekommen. Es ist nie schief gegangen. Das war für mich eine Überwindungssache, ein Loslassen von gewohnten Absicherungen. Klar, in Deutschland ist das vielleicht nichts Überragendes, aber für mich war es genau das, was mich gestärkt hat und immer noch nachwirkt. Das Leben beim Pilgern ist sehr

einfach, es reduziert sich auf ganz wesentliche Dinge und wird dadurch leichter. Man ist der Natur und auch der menschlichen Umwelt „ausgeliefert“ und wenn man das alles bewältigt, gibt es einem die Kraft, die man auch im Alltag zu Hause nutzen kann. Aber du hast ja in deiner E-Mail nach dem „Vorher-Nachher“ gefragt. Vorher war ich auf jeden Fall gestresster, genervter, ängstlicher. Ich hab mich „runterziehen“ lassen von Äußerlichkeiten, ich hab meine Umwelt, vor allem im Beruf, sehr (viel zu sehr) ernst genommen. Jetzt sehe ich vieles lockerer. Meine Arbeit mache ich immer noch korrekt und zuverlässig, aber was nicht geht, geht nicht, und wenn die Leute mit dem Fuß stampfen, weil ich mit einem Projekt nicht fertig werde. Komischerweise entstehen daraus keine Konflikte mehr. Ich schaffe es auch mal, eine Arbeit abzulehnen bzw. Termine zu verschieben, ohne dass die Welt untergeht. Ich denke mehr an mich und nicht nur an mein Büro. Ich gehe neue Projekte mit mehr Gelassenheit an. Im Hinterkopf weiß ich, dass es noch anderes gibt als meine Arbeit.
Es ist für mich sehr schwer, Dir das zu schreiben, nicht weil ich es nicht will, sondern weil es schwer in Worte zu fassen ist. Ich glaube, erzählen fällt mir leichter. Aber wie dem auch sein mag, um es mit zwei Worten zu sagen: Pilgern gibt Kraft und Gelassenheit. Leider ist die Wirkung nicht unendlich, sie lässt nach. Im Moment freue ich auf das Pilgern in den Osterferien. Das gibt mir auch wieder Kraft.

Auf dem Weg nach Montcuq

Träume vom Jakobsweg

Ich träume sehr oft vom Jakobsweg, manchmal über viele Tage, jede Nacht. Meine nächtliche Wanderschaft macht mir immer sehr viel Freude. Ich genieße die unterschiedlichen Wege, die Landschaften – bisher immer bei Sonnenschein und mit netten Leuten. Wenn ich dann auf einer tatsächlichen Jahresetappe pilgere, kommt es mir nicht selten so vor, dass ich den einen oder anderen Weg schon im Traum gelaufen bin.

Ein Traum berührte mich besonders tief. Ich war mit Dieter – unserem Jakobus-Stammtisch-Gründer – pilgern. Wir kamen an ein neues mehrstöckiges, aber noch leer stehendes Haus und beschlossen, dort eine Erkundungstour einzulegen. Dazu stiegen wir eine steinerne Treppe nach oben und stöberten mal hier, mal da herum. Plötzlich rief Dieter mich zu sich. Er war in einem Toilettenraum mit WC. Mit der Hand holte er etwas aus der neuen Toilette. Es war eine Jakobusstatue. Sie war wunderschön. Dieter tat sehr feierlich und überreichte sie mir mit den Worten: „Die ist für Dich!"

Irgendwie hatte ich nun prompt das Gefühl, dass Dieter mich ganz bewusst in dieses Haus geführt hatte, um mir diese Auszeichnung zu überreichen.. Trotz des merkwürdigen Raumes für eine solche Preisverleihung fühlte ich mich sehr geehrt.

Diese Ehrung war mit nichts zu vergleichen – sie war die höchste Auszeichnung, also mit keiner anderen zu toppen. So empfand ich es. Es lag eine so ehrfürchtige Stimmung in dem Raum. Still stand ich da mit der Statue in der Hand, gefühlsmäßig überwältigt und natürlich sehr glücklich. Nun habe ich in meiner neuen Wohnung in diesen speziellen Raum viele Fotos von meinen Pilgertouren angebracht und mit Muscheln dekoriert. Und ehre damit den Raum, in dem mir diese wunderbare Auszeichnung zuteil wurde.

Etwas zum Schmunzeln, aber mit ernstem Hintergrund …
Anonym

Es handelt sich bei dieser Geschichte um ein inneres Versprechen einer Pilgerin (41) an ihrem Schutzengel, auf dem Weg niemals Nein zu sagen. Sie hat sich treu an diese persönliche Vereinbarung gehalten und durfte eine Heilung erfahren. Diese kleine Geschichte ist recht amüsant zu lesen, aber sie birgt auch einen ernsten Hintergrund. Sicherlich wäre es viel leichter gewesen, aus der ein oder anderen Situation zu flüchten, als sie ‚durchzustehen', aber dann wäre etwas verloren gegangen und eine Chance verpasst worden ….

‚Sag niemals Nein' – bei meinem Aufbruch war dies ein Rat meines Engels an mich. Ich fand ihn natürlich blöd, doch ich versuchte ihn zu befolgen – natürlich mit größter Angst.

In Los Arcos traf ich auf Jorge aus Portugal. Das heißt, er „baggerte" mich an, ein Riesenmacho und 25 Jahre älter als ich. Mein erster Impuls: „Schaff Dir den Typen vom Hals!"

Dann erinnerte ich mich an mein Versprechen an den Engel und erlaubte ihm, mich zu begleiten. Er lud mich selbstverständlich, wie es sich für einen iberischen Macho gehört, noch am gleichen Tag in ein Hotel ein. Und, ich darf ja nicht Nein sagen … also meinte ich nur: „Wir werden sehen."

Wir trafen am Abend ziemlich spät bei der Pilgerherberge ein. Jorge meinte, die wäre wohl bestimmt schon voll. Ich war wie gelähmt. Die Pilgerherberge sei besetzt, sagte der Hostallero, und es hätte viele Hotels im Ort. Dann kam mir eine Frau zu Hilfe, sie hätte noch zwei Matratzen gefunden, aber als wir sie aufsuchten, waren sie schon wieder besetzt. Wir wollten gerade gehen, da fand jemand nochmals zwei Matratzen. Ich war gerettet.

Jorge wollte mich natürlich am nächsten Tag wieder begleiten, und ich durfte nicht Nein sagen. Ich blieb (bei ihm) und setzte mich mit der Situation auseinander.

Es folgten sieben gemeinsame Pilgertage. Im Laufe dieser Zeit begann sich eine Vertrautheit zwischen uns zu entwickeln, die ich anfangs nicht für möglich hielt. Wir ‚fanden' uns gewissermaßen über unsere Gespräche. So begann sich, nach anfangs eher oberflächlichem Austausch, eine Tiefe zu entwickeln, die uns den Raum gab, auch über unsere Kindheitserfahrungen zu sprechen. Wir wanderten zusammen und wurden füreinander die tiefste Begegnung auf dem Jakobsweg.

Ich glaube, da hat wahre Heilung zwischen zwei Menschen stattgefunden. Diese Erfahrung wurde mir geschenkt, weil ich nie Nein gesagt habe zu dem, was mir dieser Weg offenbarte.

Frankreich – mein Angstland

Ich beherrschte die Sprache nicht und hörte viel über unfreundliche Franzosen, die nicht englisch sprechen wollten, obwohl sie es konnten. Ich startete mit gemischten Gefühlen von Genf. Ein bisschen hatte ich mir die wichtigsten Sätze ins Französische übersetzt, um mir wenigstens eine Unterkunft ordern zu können. Überlegungen, Frankreich auszulassen und meinen Weg einfach in Saint-Jean-Pied-de-Port fortzusetzen, verwarf ich. Das passte nicht zu mir. Ich hätte dann immer das Gefühl gehabt, etwas – vielleicht eine wichtige Erfahrung – fehlte in meinem Leben.
Überraschenderweise gab es nur zwei ungute Erlebnisse mit Franzosen, die sich über mein ungenügendes Französisch aufregten und mir das Gefühl gaben, nicht willkommen zu sein. Da ich drei Wochen unterwegs war, konnte ich das gut verschmerzen. Der Rest der Franzosen, die ich kennen lernen durfte, war einfach großartig! Ich erinnere mich dabei an ein Ehepaar mit Kind, das ich nach einer Unterkunft fragte. An dem Ort, wo ich mich befand, gab es keine Möglichkeit. Der Pfarrer war derzeit nicht vor Ort und der Bürgermeister verreist, und so konnten sie mir also nicht weiterhelfen. Das einzige Hotel am Ort verlangte 45 Euro für eine Nacht, das war mir zu viel. So sprach ich die erstbesten Menschen an, die ich traf, diese kleine Familie. Eigentlich wollten sie zu dritt einen kleinen Abendspaziergang in ihrem Urlaub machen, und nun bemühten sie sich darum, mir einen Schlafplatz zu organisieren. Die Frau war einfach fantastisch. Sie ging zu dem Hotelier und erklärte ihm recht vehement, dass ich eine Pilgerin sei und unmöglich 45 Euro für die Nacht bezahlen konnte. Man müsse mir doch helfen, mich unterstützen. Sie und ihr Mann diskutierten etwa zwanzig Minuten. Sie übersetzten mir zwischendurch immer wieder auf Englisch den Zwischenstand ihrer Diskussion. Am Ende bekam ich ein Zimmer mit Dusche und Frühstück für zwanzig Euro. Wunderbar! Ich bezahlte ihm ein paar Euro extra, als Dank für seine große Hilfsbereitschaft.

Dann verlief ich mich, maßlos, über zwanzig Kilometer. Dabei waren die Muscheln immer mein Wegbegleiter. Eine Frau, die mich als Pilgerin erkannte und wissen wollte, wohin mich mein Weg führt, versuchte mir auf Französisch klar zu machen, dass ich mich auf dem falschen Weg befand. Ich widersprach ihr aber, da ich immer wieder die Muschelsymbole sah. Allerdings wartete ich schon seit geraumer Zeit auf ein paar Namen von Ortschaften, die ich durchschreiten sollte und die einfach nicht kamen. Da ich ohne Karte, nur mit Outdoorführer unterwegs war, konnte ich mich überhaupt nicht mehr orientieren. Mein ungutes Gefühl, doch auf dem falschen Weg zu sein, konnte ich beruhigen, da die im angegebenen Wegkreuze auch genau dort befanden, wo sie laut Wegbeschreibung auch sein sollten. Auch kam ich an einem Hotel vorbei mit dem gleichen Namen wie in der Wegbeschreibung. So machte ich mir keine großen Gedanken, obwohl ich hätte sehen können – einfach müssen, dass ich falsch war.
Nach wie vor fehlten auf den Ortsschildern die Namen der Orte, die auf meinem Weg lagen. Trotzdem lief ich weiter, Kilometer für Kilometer. Schon früh morgens hatte ich mir einen Unterkunftsplatz bei einer Herberge mit deutschsprachigem Herbergsvater gesichert. Ich war schon gefühlte zwanzig Kilometer gelaufen, es konnte nicht mehr weit sein. Inzwischen braute sich ein Gewitter über mir zusammen. Dann stand ich plötzlich vor einem Bauernhaus. Vier Hunde sprangen umher und bellten wie verrückt. Ich klopfte an die Tür und wurde von einem älteren Mann hereingebeten. Es war dann schnell klar, dass dies nicht der richtige Übernachtungsplatz war. In dem kleinen Wohnzimmer, in das ich geführt wurde, saßen noch eine ältere Frau und vier Kinder. Die Frau versuchte mir anhand einer Landkarte klar zu machen, dass ich noch zwanzig Kilometer zu meinem Ort zu laufen hätte.
Ich war perplex und völlig unfähig etwas zu sagen. Der Boden sackte unter meinen Füßen weg. Ich war schon ziemlich erschöpft und konnte unmöglich weitere zwanzig Kilometer laufen. Ich wollte das einfach nicht glauben, nicht wahrhaben, es durfte einfach nicht sein. Ich streifte erst mal meinen Rucksack ab. Dann versuchte ich mit dem Handy meinen Herbergsvater anzurufen. Aber ich

war so weit außerhalb in einem Funkloch, dass der Kontakt nach ein paar gesprochenen Worten immer wieder abriss.
Die Familie gab mir ihr Telefon – ein weiterer Versuch, aber keiner nahm mehr den Hörer ab. Ich sprach auf den Anrufbeantworter, dass ich dringend seine Hilfe bräuchte und er unbedingt den Hörer abnehmen sollte. Ich versuchte es erneut – keiner ging ran. Draußen donnerte es bereits. Mir war ziemlich elend zumute. Am liebsten hätte ich mich hingesetzt und einfach meinen Tränen freien Lauf gelassen. Aber die anwesenden Kinder hielten mich davon ab. Sie schauten mich mit großen Augen an. Es war eine aussichtslose Situation, und ich dachte an mein unglaubliches Glück, das ich immer dann hatte, wenn ich glaubte, es ginge nicht weiter im Leben. Ich stand da und wollte es einfach nicht wahrhaben, dass ich diesmal im Stich gelassen wurde. Ich wartete auf irgendeine Erlösung. Alle schauten mich an und ich stand da und wartete darauf, dass irgendwas geschah. Das Ganze fühlte sich an wie Minuten, aber in Wahrheit waren es wohl nur Sekunden. Dann klingelte es an der Tür. Die Mutter der Kinder kam und wollte ihre Kinderschar abholen. Die Eltern berichteten von mir, und ich hoffte, dass sie mir vielleicht Hilfe anbieten würde. Aber nichts kam. Sie schien genauso hilflos wie ich. Offensichtlich konnte oder wollte sie nicht das Heft in die Hand nehmen und meinem Unglück ein Ende setzen. So schaute mich ein weiteres Augenpaar fragend an. Dieser Moment hatte gleichzeitig etwas Komisches, Peinliches und trotzdem Magisches. Hartnäckig blieb ich stehen und wartete auf eine rettende Eingebung. Weitere Sekunden vergingen und nichts geschah. Irgendwie war alles getan, jetzt musste ich loslassen und hinaus in das Ungewisse gehen in der Hoffnung, irgendwo im Wald einen regensicheren Unterschlupf zu finden oder mir einen aus Ästen zusammenzubasteln.
Innerlich haderte ich mit mir, dass ich im Vorfeld der Tour wegen einer Pressekonferenz, in der ich meine Naturheilpraxis anlässlich eines größeren Events präsentieren sollte, ein lange gebuchtes Survivaltraining absagen musste. Übernachten in der Natur war kein Thema für mich. In den letzten Jahren hatte ich durch zwei Freunde zum Thema Visionssuche viele Anregungen bekommen und es

auch selber ein paar Mal getestet. Dazu bin ich für drei Tage in die Natur gewandert und habe mir dort einen Platz gesucht, meditiert und versucht, die Antwort auf eine wichtige persönliche Frage in der Natur abzulesen oder innerlich zu erfahren bzw. zu erspüren, so wie es die indianische Kultur heute noch teilweise praktiziert. Ich habe das in der verschärften Variante erlebt, ohne Essen und ohne Trinken. Für Notfälle hatte ich jedoch immer Wasser und Traubenzucker im Gepäck, habe es aber niemals benötigt. Mein Körper ist über jahrzehntelanges, fast tägliches Meditieren soweit getrimmt, dass er unter diesen Bedingungen den Bedarf an Nahrung und Wasser erheblich zu reduzieren vermag. Bis jetzt war ich bei diesen Experimenten aber stets von Regen verschont geblieben.

Alles Hadern brachte nichts, ich merkte, dass mir hier einfach niemand mehr helfen konnte. Es waren sehr einfache Leute und sie hatten mir zumindest das Telefon überlassen. Es blieb mir nichts anderes übrig, als mich für ihre Freundlichkeit zu bedanken, mich zu verabschieden und trotz Blitz und Donner nach draußen zu gehen, um dort nach einer Lösung für mich suchen. Das angebotene Geld für die Telefonate wollten sie nicht annehmen. Ich war jedenfalls mächtig enttäuscht, dass mich mein Glücksstern diesmal gehörig im Stich ließ.
Widerstrebend packte ich meinen Rucksack wieder auf den Rücken und öffnete die Tür. Und genau in dem Augenblick, als ich einen Schritt nach draußen machte, klingelte das Telefon. Ich wusste plötzlich ganz genau, dass dieses Telefonat mich retten würde. Es war mein Herbergsvater. Er hatte den Anrufbeantworter abgehört und konnte die Telefonnummer, von der ich angerufen hatte, am Telefon ablesen. Da er Deutsch und Französisch sprach, konnte ich ihm meine Situation schildern und dann den Hörer an das Ehepaar weiterreichen. Von ihnen bekam er die Information, wo genau ich mich befand. Er versprach mir, mich zu holen. Ich war unendlich erleichtert, glücklich und mehr als dankbar, denn draußen fing es bereits an zu regnen.
Er kam wie versprochen und erklärte mir, dass sich schon sehr viele Pilger bei dieser Etappe verlaufen hätten, da es seit kurzer Zeit zwei

Wege nach Le Puy geben würde und dies der schlechte Weg gewesen sei. Er würde mich nun wieder auf den guten bringen. Als ich versuchte, ihn mehrmals mit dem Handy anzurufen, dachte er, ich wäre irgendwo draußen in der Nähe. Er hatte das Hundegebell durchs Telefon gehört und auch bei ihm war Gebell zu hören. So ging er hinaus, nach mir zu suchen. Deswegen war er nicht mehr erreichbar, als ich es später übers Festnetz probierte. Da soll noch irgendjemand sagen, die Franzosen wären nicht hilfsbereit.
Als wir in der Unterkunft ankamen, regnete es bereits wie aus Kübeln. Wieder hatte ich unsagbares Glück gehabt. Ich fühlte mich wirklich gesegnet und beschützt. Ich habe die Worte nie mehr vergessen, die mein Herbergsvater mir sagte: „Mädchen, Du hast den schlechten Weg gewählt". Er sagte nicht, den falschen, sondern den schlechten Weg. Wo hatte ich im Leben den schlechten Weg gewählt? Wo hatte ich mich derart verlaufen? Diese Frage stellte ich mir wieder und wieder. Ich war mir ganz sicher, dass es etwas mit mir und meinem Leben zu tun haben musste. Immerhin konnte ich auf einen guten Ausgang hoffen … Auf die Antwort musste ich nicht lange nach meiner Rückkehr warten.

Sonnenblumenfeld auf dem Weg nach Montcuq

Depression

Anonym

Vor meinem ersten Camino hatte ich mit Depressionen, die durch Schlafentzug und Verzweiflungsattacken gekennzeichnet waren, zu kämpfen. Ich glaube, die Depressionen kamen, weil ich nicht in der Lage war abzuschalten bzw., weil ich meine Arbeit ‚im Kopf' mit nach Hause nahm. Die ersten Erklärungen, die ich mir dafür gab, waren Beschuldigungen an das Umfeld: Unangenehme Geschäftspartner und Kunden, zuviel Arbeit, Angst vor Misserfolgen, Existenzängste.

Ich begab mich in psychologische und psychiatrische Behandlung und nahm zuerst Schlafmittel unter ärztlicher Aufsicht und dann ein Antidepressivum. Die Auswirkungen des täglichen Lebens wurden damit zwar abgeschwächt, aber ich wollte nicht mein Leben lang von Medikamenten abhängig sein.

Mir wurde klar, dass ich relativ verkrampft an Probleme herangehe bzw. sie nicht angehe. Und dieses Weiterschieben unangenehmer Dinge hat sich wie ein roter Faden durch mein Leben gezogen. Durch Zufall erfuhr ich von einem Freund vom Jakobsweg. Seine Aussagen darüber machten mich neugierig und ich dachte mir, dass wäre doch etwas für mich. Eine Woche später war ich auf dem Weg und ging nach Santiago.

Auf dem Camino entdeckte ich für mich, dass wirtschaftliche Erfolge nur ein Teil des Lebens sind und dass ich, wenn ich meinen Teil dazu beitrage, Erfolg haben werde, aber ggf. auch Misserfolge akzeptieren muss. Ich fand die innere Ruhe, die ich suchte. Ein besonderes Ereignis war für mich sicherlich, die plötzliche Gottnähe ohne Vorwarnung zu spüren.

Ich beschloss, mein berufliches Umfeld zu wechseln und entdeckte aber nach dem Wechsel, dass nicht das Umfeld Schuld an meiner Situation hatte, sondern dass ich meine Einstellung zur Arbeit verändern muss. So ging ich nach einem halben Jahr wieder zu meiner alten Firma zurück. Vorher machte ich eine Dankwallfahrt von Pamplona nach Santiago.

Rückblickend glaube ich, dass mir der Weg mehr geholfen hat, die Dinge in einem anderen Blickwinkel zu sehen, als die Therapie vorab. Seitdem versuche ich einmal im Jahr zu pilgern, da ich während dieser Reise immer wieder die Ruhe suche und finde.

Mobbing

Ich wurde gemobbt, schon seit über einem Jahr. Von Anfang an wusste ich, wer der Übeltäter ist. Ich praktizierte mittlerweile seit etwa zwei Jahren in den angemieteten Räumen der Physiotherapeutenpraxis, die mir meine Freundin Helga vermittelt hatte.
Vom Vermieter des Geschäftshauses holte ich mir damals die Erlaubnis, meine Info-Flyer im Treppenhaus auf einem Fenstersims auslegen zu dürfen sowie Aushänge meiner Angebote an die Eingangstüre des großen Geschäftshauses anzubringen. Als ich an einem Wochenende nach einem Seminar meinen Aushang zerrissen im Papierkorb der Physiopraxis fand, erschrak ich zutiefst. Da nur ich und die Physiotherapeuten einen Schlüssel zur Praxis hatten, war einleuchtend, dass es sich um einen Mitarbeiter handeln musste. Da ich diesen Mitarbeiter am besagten Wochenende in der Praxis gesehen hatte, wusste ich sofort, wer es war.
Ich kann bis heute nicht verstehen, wie jemand überhaupt zu solchen Taten fähig ist und was einen dazu treibt, absichtlich jemandem schaden zu wollen bzw. dessen Eigentum zu zerstören. Heute weiß ich durch eine gemeinsame Bekannte, dass dieser Mitarbeiter eine Konkurrenz in mir sah. Zudem waren wir uns nicht sonderlich sympathisch.
Ich beschloss nach Absprache mit einigen Freunden, erstmal nicht darauf zu reagieren, aber diese Person weiterhin zu beobachten. Ich möchte absichtlich nicht die Identität desjenigen hier preisgeben, auch nicht mitteilen, ob diese Person männlich oder weiblich ist. Der Einfachheit halber ist es ‚die Person' oder der ‚Mitarbeiter'. Es blieb nicht bei einem zerrissenen Aushang. Ich bemerkte, dass die Anzahl meiner ausgelegten Flyer rapide abnahm – sogar übers Wochenende, an dem sich keine Kunden im Geschäftsgebäude aufhielten. Zuerst freute ich mich über das Interesse, dann, als sie packweise verschwanden, wurde ich misstrauisch. Auch in diesem Fall musste ich nicht lange danach suchen – die Papiertonnen für das Geschäftsgebäude waren voll davon. Die Person

machte sich noch nicht mal besondere Mühe, das entwendete Infomaterial etwas tiefer zu vergraben.
Da ich wusste, dass sich der Mitarbeiter auch oft am Wochenende in der Praxis aufhielt, wollte ich Klarheit. Ich legte an einem Freitag noch mal ordentlich einen dicken Stapel Flyer in den Gang des Geschäftsgebäudes. Samstag, früh morgens, parkte ich mein Auto in einer Seitenstraße und wartete in meinen Praxisräumen. Vorher hatte ich die Anzahl der Flyer überprüft. Ich brauchte gar nicht lange zu warten. Die Person kam, und als sie ging, war mit ihm meine komplette Auslage verschwunden.
Es hätte nichts gebracht, sie zu stellen. Für eine Anzeige hatte ich keine Beweise. Und selbst wenn ich sie gehabt hätte, wäre aus ganz bestimmten Gründen, die ich nicht näher erläutern möchte, für mich danach eine weitere Arbeit in den gemeinsam genutzten Geschäftsräumen völlig ausgeschlossen gewesen.

Einige Wochen nach der Rückkehr meiner Frankreichtour wurde ich extrem mit den Attacken konfrontiert. Inzwischen verschwanden nicht nur die Auslagen im Flur des Geschäftsgebäudes sondern auch die Flyer meiner selbständigen Patienten, die damit in meinem Wartebereich für ihr Geschäft werben durften. Dann wurde mein Namenschild abmontiert, meine Patienten beleidigt und unfreundlich behandelt, meine angebotenen Therapien gegenüber Patienten als wertlos deklariert etc.
Zum ersten Mal in meinen inzwischen fast achtjährigen Selbstständigkeit ging ich mit Bauchschmerzen in meine Praxis. Es gab viele Augenblicke, in denen ich mich persönlich bedroht fühlte, es gab Augenblicke der Wut und Trauer, aber nie verlor ich das Gefühl, dass es irgendwie doch noch gut für mich enden würde.
Ich holte mir professionelle Hilfe durch eine Mobbing-Beratung. Dort wurde mir klar gemacht, dass ich wenige Chancen hätte, mit einer Anzeige diese kriminellen Taten im Keim zu ersticken. Man riet mir das einzig Richtige, nämlich aus diesen Räumen auszuziehen. Für mich war jedoch ganz klar, dass wenn ich ausziehen würde, damit auch meine Praxistätigkeit beendet wäre.

Schon vor zwei Jahren hatte ich ja bereits einen anstrengenden Praxisumzug hinter mich gebracht. Es folgten damals einige schwere Monate, um das Geschäft wieder in Gang zu bringen. Inzwischen hatte ich es wieder geschafft, war aber innerlich nicht mehr bereit, einen weiteren Neubeginn zu starten. Es schien, als hätte ich mich in meinem Leben ebenso verlaufen wie auf meiner letzten Etappe auf dem Jakobsweg in Frankreich.
Bislang konnte ich mir nicht vorstellen, eine andere berufliche Tätigkeit zu wählen. Zu sehr liebte ich diese Arbeit, liebte die Menschen, die mit ihren Krankheiten, Sorgen und Nöten zu mir kamen und mir vertrauten. Jetzt, nach diesen Geschehnissen, konnte ich es.
Wenn ich aber nicht mehr als Heilpraktikerin arbeiten sollte, dann musste etwas Neues vor der Tür stehen. Um dieses Neue in Empfang nehmen zu können, musste ich erst einmal das Alte loslassen. Und ich ließ innerlich los. Es geschah nicht von heute auf morgen, aber ich löste mich von meinem bis dato Traumberuf als Therapeutin. Es war ein schmerzlicher Prozess, verbunden mit vielen Tränen, aber auch einer spürbaren innerlichen Erleichterung. Das Ganze war teilweise auch verbunden mit einem Schamgefühl, gescheitert zu sein. Ich hatte immerhin viele Jahre für die Ausbildung Opfer gebracht und jetzt sollte das alles vorbei sein. Trotzdem war ich dankbar dafür, dass ich diesen Beruf so viele Jahre lang ausüben durfte. Auf der anderen Seite war meine Selbständigkeit auch mit sehr viel Arbeit verbunden – selten genug hatte ich ein wirklich freies Wochenende, ohne einige Patientenakten nochmals durchzugehen, die Urlaube mussten vorfinanziert werden, etliche fixe Kosten warteten auf ihre monatliche Begleichung. Das alles kostete auch viel Kraft und manchmal auch Zuversicht, und nicht selten machten sich auch Existenzängste breit. Dazu kam, dass ich immer öfter das Gefühl hatte, besser Teil eines Teams sein zu wollen. Ich wollte nicht mehr allein arbeiten.
Ich kündigte meine Räume, ohne zu wissen, wie es für mich weitergehen würde. Ich ließ los und ging in eine ungewisse Zeit.
Erinnerungen an meine Verlauf-Aktion in Frankreich drängten sich geradezu auf. Dort hatte ich ja feststellen dürfen, dass ich

'aufgefangen' wurde, als ich innerlich losließ und damals glücklicherweise durch die Hilfe meines Herbergsvaters wieder auf den guten Weg gebracht wurde. Dieses Erlebnis gab mir viel Mut, auch diese Situation durchzustehen und nahm mir viel von der Angst, es vielleicht doch nicht zu schaffen.
Ab sofort hörten die Anfeindungen auf. Ich ließ die Person und andere Mitarbeiter wissen, dass ich wusste, wer hinter diesen Taten steckt. Es war mir völlig klar, dass ich damit nicht viel erreichen konnte. Aber es war mir Genugtuung genug, diese Person wissen zu lassen, dass ich und andere sie beobachtet hatten. Ich hege keinen Groll oder gar Hass gegen diesen Mitarbeiter; er tut mir Leid, er hat mit seinen Taten große Schuld auf sich geladen.
Im Grunde bin ich dankbar für das Geschehene. Niemals hätte ich einfach so meine Arbeit aufgegeben. So seltsam es auch klingen mag, ich brauchte diesen Menschen bzw. dessen Attacken, damit ich nachdachte, hinterfragte und eine neue Entscheidung für mich und mein zukünftiges Leben treffen konnte. Aus freien Stücken wäre ich dazu niemals fähig gewesen.
In dieser ganzen Zeit hatte ich einige wirklich gute Freunde an meiner Seite. Ich erinnere mich an viele Telefonate, späte Besuche und lange Diskussionen darüber, was ich tun könnte, um meine Lage zu erleichtern. Diese Menschen gaben mir das Gefühl, dass ich diese schwere Phase meines Lebens bewältigen würde und schenkten mir damit die Kraft, das alles heil durchzustehen. Es war auch ihr Glaube an mich, der mich vor dem Fallen schützte, mich nicht verzagen ließ. Ihnen sei allen von Herzen gedankt!

Gleichzeitig hatte ich einige Monate vorher dieses Buchprojekt ins Leben gerufen. Die wunderbaren Geschichten, die mich erreichten, sorgten damals für viele Glücksmomente. Teilweise waren die Erzählungen so ergreifend, dass sie mich völlig von meiner Situation ablenkten. Ich fühlte mich unendlich geehrt, dass ich so viel an den anderen Leben teilhaben durfte. Die Freude und Dankbarkeit, die ich empfand, dass diese Menschen mir ihre Geschichte anvertrauten, kann ich nicht in Worte fassen.

Irgendwann entstand für mich aus dem Problem des Gemobbt-Werdens eine Herausforderung, die gemeistert werden wollte. Und ich wollte diese Herausforderung annehmen und eine gute Lösung für mich finden.
Finanziell hatte ich mich damals gut abgesichert – ich konnte mindestens ein halbes Jahr auch ohne Arbeit überbrücken. Meine Patienten hatte ich an eine bekannte Therapeutin weitervermittelt und wusste sie dort in guten Händen.
Natürlich beschlichen mich dann und wann auch ängstliche Momente, wie das wohl für mich weitergehen würde. Aber dann stellte ich mir vor, ich wäre auf dem Jakobsweg. Ich hatte gelernt, dass, wenn ich dort nicht mehr weiter wusste, blinder Aktionismus nicht gefragt war. Stattdessen galt es, Ruhe zu bewahren, ein paar Schritte hin und her zu laufen, mich umzuschauen – nur nicht die Nerven verlieren. Das beherzigte ich nun auch. Außerdem hatte ich die besten Möglichkeiten für einen beruflichen Neubeginn: Ich war gesund, finanziell nicht unter Druck, und ich kannte eine Menge Leute, die von meiner Situation wussten. Meine damaligen Wohnungsvermieter verhielten sich großartig und boten mir an, ein paar Monate mit der Miete auszusetzen. Trotz dem, dass ich dieses Angebot nicht annehmen musste, war ich über diesen Freundschaftsdienst wirklich sprachlos. Ich bekam jegliche Hilfe und Unterstützung.
Mir kamen nie Zweifel darüber, ob ich das Richtige getan hatte. Das half mir, nach vorn zu blicken. Die Anzahl meiner Bewerbungen hielt sich in Grenzen, ich wusste nicht wirklich, welche Arbeit gut für mich wäre. Trotzdem wollte ich nicht untätig herumsitzen und schrieb ein paar Lebensläufe, kopierte meine Zeugnisse und schickte sie ab. Eineinhalb Monate später hatte ich eine neue gute Arbeit als Sekretärin.
Für mich ist das immer noch ein Wunder, unfassbar, unglaublich, und ich bin sehr dankbar dafür. Inzwischen ist ein Jahr vergangen und ich kann mein Glück immer noch nicht richtig fassen. Heute kann ich sagen, dass sich alles zu meinem Besten gewandelt hat. Ich genieße die freien Wochenenden und Abende und nicht zuletzt mein Leben.

Ich habe mich seither niemals mehr mit Wehmut oder Bedauern umgeschaut oder gar das Ende meiner Praxistätigkeit in Frage gestellt. Mein Blick richtet sich ausschließlich nach vorn, wohin mich mein Weg auch führen mag.

Lebenskrise

Brigitte G.

Ich bin 58 Jahre alt, habe zwei wunderbare Töchter und war 33 Jahre verheiratet. Eigentlich wollte ich mit meinem Mann zusammen alt werden. Er offensichtlich nicht mit mir. Ich wurde einfach durch eine Andere ersetzt. Ich wurde belogen, betrogen, gedemütigt und bis in meine tiefste Seele verletzt. Plötzlich war ich allein. Ich hatte eine tiefe Lebenskrise, fühlte mich nutzlos, einsam, verlassen, mutlos, freudlos. Ich fiel in ein tiefes Loch, musste versuchen, wieder einen Lebenssinn zu finden, mich wieder selber finden, wissen, wo mein Weg hingeht.
Den Gedanken, den Jakobsweg zu gehen, hatte ich schon längere Zeit im Kopf. Jetzt fasste ich den Entschluss, noch im nächsten Frühjahr loszugehen. Allein schon die Vorbereitungen, Besuche von Vorträgen, Planung von Anreise, Recherchen im Internet haben mich aus meiner Lethargie herausgeholt.
Ich muss schon sagen, dass ich vor dieser Pilgerreise großen Respekt und auch ein wenig Angst hatte; nicht vor der körperlichen Anstrengung (ich bin sehr durchtrainiert), sondern vor der mentalen Sache. Kann ich es aushalten in diesen Herbergen? Kann ich mich selber aushalten mit all meinen Ängsten und Gedanken?
Die ersten Tage und Nächte waren sehr schlimm: Nicht das Laufen, ich hätte mir die Seele aus dem Leib laufen können. Nein, die riesigen Schlafsäle machten mir große Probleme. Ich schlief miserabel. Die zum Teil schrecklichen sanitären Einrichtungen waren auch sehr gewöhnungsbedürftig.
„Nun“, ich dachte mir, „das wird jetzt die nächsten 750 Kilometer so bleiben, also stelle Dich darauf ein.“ Es hat am Ende ganz

gut geklappt. Mit jedem Kilometer, den ich lief, ging es mir besser. Die Natur war Balsam für meine kranke Seele.
Wenn man stundenlang und viele Kilometer allein läuft, muss man sich mit sich selbst und seinen Gedanken beschäftigen. Es geht ans Eingemachte. Ich habe sehr viel geweint in dieser Zeit, es war Schwerstarbeit für mich, es war aber auch ein befreiendes Weinen. Ich war in diesen Wochen auf dem Camino nur auf mich allein gestellt, ich habe es gut geschafft. Mein Mut und mein Selbstvertrauen kamen ein Stück zurück, fast schon ein wenig Leichtigkeit. Deshalb konnte ich schon etwas angstfreier in die Zukunft blicken und machte sogar schon wieder Pläne. Dafür bin ich sehr dankbar.
Der Camino hat mir klar gemacht, dass ich jetzt ein Stück meines Lebens allein gehen werde, ich aber deshalb nicht einsam sein muss. Mir wurde bewusst, dass man loslassen muss, um frei zu sein.
Ich habe auf diesem Weg wunderbare Menschen kennen gelernt. Die Gespräche, die ich hatte, waren tiefer und intensiver als sonst: Vielleicht, weil man viel Zeit hat und nicht von unnötigen Dingen abgelenkt wird und sich so auf das Wesentliche konzentrieren kann? Oder, weil man sich wie selbstverständlich mehr auf den Anderen einlässt?
Mit einer Pilgerin aus Ungarn bin ich viele Kilometer gemeinsam gelaufen. Wir hatten denselben Rhythmus und ergänzten uns auch in unseren Wertvorstellungen und Anschauungen. Ich konnte offen über meine Probleme mit ihr sprechen, und sie war eine gute Zuhörerin. Durch ihre wertfreie Beurteilung sah ich manches aus einer anderen Perspektive. Ich habe noch heute Kontakt mit ihr.
Ich habe festgestellt, dass fast jeder Pilger aus irgendeinem tiefen Beweggrund unterwegs ist. Ich war nicht allein mit meinen Ängsten und Zweifeln. Sicherlich können die Probleme auf diesem Weg nicht gelöst werden, aber die Sicht wird klarer, man kann lernen, besser damit umzugehen.
Eine Pilgerin aus Graz ist diesen Weg aus Dankbarkeit über ihr schönes Leben gelaufen, das hat mir besonders gut gefallen, mit ihr hatte ich viel Spaß. Was mir ganz wichtig ist: Ich habe einen

Teil von meinem Humor und mein Lachen wiedergefunden. Ich habe bestimmt genauso viel gelacht wie geweint.
Viele Pilger gehen diesen Weg aus religiösen Gründen. Das war bei mir erst mal nicht so. Ich wollte wieder einen Lebenssinn finden. Heute denke ich, dass Spiritualität und Sinnsuche eng miteinander verbunden sind. Man stellt sich viele Fragen. Warum ist mein Leben plötzlich aus den Fugen geraten? Warum muss ich so viel aushalten? Was kann ich tun, um wieder meinen Seelenfrieden zu finden?
Habe ich diese Fragen an Gott gerichtet? Ich denke schon. Es war seit langer Zeit wieder eine Zwiesprache mit Gott. Ein Erlebnis hat mich nachhaltig geprägt: Ich war in Galicien bei Sonnenuntergang auf einem Berg. Die Natur und die Aussicht waren überwältigend schön. Diese Stille und diese friedvolle Atmosphäre übertrugen sich auf mich. Ich hatte ein so intensives Gefühl von innerer Freude und Freiheit, das ich so noch nie erfahren habe. Wenn es mir heute schlecht geht, ist dieser wunderbare Ort mein gedanklicher Zufluchtsort.

> Nichts hat einen so großen Einfluss auf unsere Seele, wie die Trennung. Sie rührt an unsere Urängste und weckt sie auf; sie greift mit einem Griff so tief wie überhaupt Leben in uns reicht.
>
> (Botho Strauß)****

Trauerbewältigung
Günter M.

Die Beweggründe waren zum einen der Tod unseres Sohnes, zum anderen wollte ich auch Zeit für mich haben (klingt egoistisch und ist es vielleicht auch), um über den Verlauf meines eigenen bisherigen Lebens nachzudenken. Auch wollte ich mir Gedanken über meine Zukunft machen und was ich zukünftig anders gestalten könnte. Auch wenn ich in diversen Pilgerberichten und der einschlägigen Literatur von speziellen religiösen und spirituellen Erfahrungen gelesen hatte, konnte ich mich mit solchen Erwartungen eigentlich nicht anfreunden. Mein ohnedies wenig ausgeprägter und gelebter Glaube an den lieben Gott bekam durch den Tod unseres Sohnes einen gewaltigen Dämpfer. Das hilflose Auftreten unseres Ortspfarrers am Todestag konnte meine Skepsis zu bestimmten Glaubensdingen auch nicht lindern. Der Pfarrer hat auch nie bei meiner Frau oder mir nach einer gewissen Zeit nachgefragt, wie es uns denn geht. Aber man muss auch Verständnis haben, dass nicht jeder Pfarrer auch ein guter Seelsorger sein kann. Nach dem Studium zahlreicher Bücher zum Thema Jakobusweg stand im April 2003 für mich fest, den Jakobsweg zu laufen. Ich bin zu diesem Zeitpunkt aber auch bereits zu der Überzeugung gekommen, dass ich den Jakobsweg, ganz in Anlehnung an das mittelalterliche Pilgern, direkt ab meinem Wohnort und an einem Stück gehen wollte.

Dies bedeutete, mit dem Arbeitgeber in Verhandlungen einzutreten. Ich beantragte im Mai 2003 für das Jahr 2004 eine Auszeit von vier Monaten. Bereits nach ca. drei Wochen bekam ich seitens der Personalabteilung für mein Vorhaben grünes Licht. Es war sicherlich von Vorteil, dass ich wichtige Entscheidungsträger in der Firma persönlich kenne und meine persönliche Situation allgemein bekannt war.

Es begann dann eine lange Zeit der Vorbereitung für dieses einmalige Unternehmen: Vom 11. 7. 2004 bis 13. 10. 2007 bin ich (damals 54 Jahre) den Jakobsweg gelaufen. Insgesamt war ich ab Ulm 110 Tage unterwegs. Es dauerte etwa –zwei bis drei Wochen, bis ich mich eingelaufen hatte und das tägliche Gehen unbewusst erfolgte. Anfängliche Wehwehchen wie Blasen oder Gelenkschmerzen verschwanden. Dann begann eine Zeit für die Sinne. Man genießt jeden Schritt, das schöne Wetter, die Natur, die Landschaft.

Der Kontakt zu Mitpilgern entwickelte sich nach und nach. Erst in der Schweiz bei Einsiedeln, nach ca. 200 gelaufenen Kilometern, traf ich den ersten Mitpilger überhaupt. In der französischsprachigen Schweiz dann der nächste Pilgerkontakt, diesmal ein

Ehepaar im mittleren Alter, beides Pfarrer der Evangelisch-Methodistischen Kirche der Schweiz. Beide liefen einen Teil des Jakobsweges, um Zeit zum Nachdenken zu haben, ob die ihnen angebotene Stelle als Krankenhausseelsorger für sie auch das Richtige wäre.
Auf der Strecke von Genf bis Le Puy-en-Velay waren nur wenige Mitpilger unterwegs. Erinnern kann ich mich ganz gut an einen Schweizer, welcher einen Konkurs hinter sich hatte und gewaltig am Grübeln war. Ich hatte da zum ersten Mal das Gefühl, dass jeder, der auf Jakobusspuren war, persönlich etwas klären wollte.
In Le Puy-en-Velay beginnt die Via Podiensis, einer der vier Zubringerwege in Frankreich. Dort konnte ich meine erste Pilgermesse miterleben. Ich war sehr beeindruckt, wie man sich um uns Pilger kümmerte. Dies war aufbauend für die nächsten Wochen. Auf dem weiteren Weg zogen mich dann Kirchen magisch an. Mir war es dann auch vergönnt, in Aumont-Aubrac, in Conques, in Moissac und weiteren Orten in Südwestfrankreich mit Mönchen ins Gespräch zu kommen. Meistens waren es Benediktiner oder Prämonstratenser (in Conques).
Der Kontakt zu Mitpilgern wurde ab Le Puy intensiver. Pilger vieler Nationen waren unterwegs, wobei Franzosen, Schweizer, Deutsche und Pilger aus den französisch sprechenden Regionen Kanadas die Mehrheit stellten.

Zunehmend nahm mich der Weg auf. Auch wenn ich den Kontakt nach zuhause nicht abreißen ließ, hatte ich mich spätestens auf der Via Podiensis vom Alltag mit all seinen Begleiterscheinungen gelöst. Ich hatte beispielsweise kein Verlangen nach Fernsehen oder Zeitungen und anderer Information. Im Prinzip war ich nur noch mit mir selbst beschäftigt. Das Eigenleben des Jakobsweges hatte mich vereinnahmt. Laufen, Essen, Waschen, all dies wurde zur Routine. Dafür war ich verstärkt aufnahmefähig für Kontakte und Gespräche zu Mitpilgern, für die kulturhistorischen Schönheiten am Weg und natürlich für die überwältigenden Landschaften, wobei die Auvergne und das Tal des Lot herauszuheben wären. Nicht zu vergessen ist, dass man sich ja selbst im Laufe

der Wochen verändert hat. Bei mir stellt sich ein körperliches Wohlbefinden ein. Der Gewichtsverlust von einigen Kilos war nicht zu übersehen, der Gürtel konnte enger geschnallt werden. Frisches Wasser schmeckte wie Wein. In Frankreich lebte ich tagsüber von Käse, Fromage blanc und ofenfrischem Weißbrot. Der Kopf wurde frei. Träume, an die ich mich erinnere, brachten Erinnerungen an meine früheste Kindheit zurück. Können durch Träume verblasste Erinnerungen hervorgeholt werden? Ich hatte fast den Eindruck. Die vielen Begegnungen und Gespräche mit anderen Pilgern zeigten mir auch, dass ich nicht allein war mit der Aufarbeitung des Verlustes des Sohnes. Es war eine Bereitschaft der Pilger untereinander da, sich zu öffnen. Wenn man mit jemand ein paar Tage zusammen war, ergaben sich zumeist intensive Gespräche. Ich hatte den Eindruck, dass die Bereitschaft, sein Herz auszuschütten, ausgeprägter war als z. B. daheim Familienangehörigen gegenüber.
Für mich war es so, dass der Übergang nach Spanien fast unmerklich vonstatten ging. Der tägliche Rhythmus wurde ja beibehalten. Allerdings änderte sich das Publikum, also die Zusammensetzung der Pilger. Plötzlich registrierte man viele Spanier, Italiener und auch Pilger aus Südamerika. Dagegen waren nur noch wenige Franzosen auf dem Weg.
Geblieben ist die Herzlichkeit der Pilger untereinander, die Bereitschaft, sich zu unterstützen. Am besten klar gekommen bin ich immer mit Einzelpilgern. Wenn allerdings Gruppen von Pilgern auftraten, gab es hin und wieder kleinere Stresssituationen in den Quartieren. Dies lag vermutlich auch daran, dass man in Spanien im Gegensatz zu Frankreich die Unterkunft nicht reservieren lassen konnte.
Alle sind gleich auf dem Weg. Dafür sorgt auch das Outfit, jeder ist verschwitzt, für jeden gibt es das gleiche Bett, die gleiche Matratze in den Herbergen. Die uns sonst im täglichen Leben ausgeprägte Hackordnung existiert auf dem Camino nicht.
Interessant war es auch, was auf den letzten 100 bis 200 Kilometer vor Santiago de Compostela abgelaufen ist. Viele Spanier gehen an verlängerten Wochenenden die letzten 100 Kilometer, meist

in Gruppen, laut und lärmend. Mich hat es zwar nicht gestört, aber mit Pilgern hatte dies wohl nichts zu tun.
Dann bin ich einer Pilgerin begegnet, welche die Ankunft in Santiago de Compostela verzögert hat. Sie ist ganz kurze Etappen gelaufen, um noch lange auf dem Weg zu sein. Sie war in einer Ehekrise und hatte schlichtweg Angst vor dem Danach.
Ich persönlich war auch etwas traurig, als mein Weg in Santiago de Compostela zu Ende ging. Für mich war eben der Höhepunkt das Unterwegssein, verbunden mit den Kontakten zu den Mitpilgern. Ich war 110 Tage unterwegs, und die Rückkehr war nicht so einfach. Ich hatte das Glück, mich noch ca. zwei Wochen eingewöhnen zu können, bevor ich wieder in den Job zurückmusste. Zuerst einmal ging es darum, dass sich meine Frau wieder an mich und ich mich an sie gewöhne. Ich sah natürlich schon einmal verändert aus. Klar, bei 79 statt 91 Kilogramm bei der Abreise, dann fit und braungebrannt. Der vom Laufen geprägte Organismus und Stoffwechsel machte mir noch einige Zeit zu schaffen. Ich hatte ständig Hunger und futterte alles, was greifbar war. Die Konsequenz war, dass mein Gewicht interessanterweise noch sechs Wochen auf 79 kg blieb, dann aber schlagartig nach oben ging.
Von meinem Jakobsweg wussten bereits im Vorfeld viele Menschen. Nach meiner Rückkehr wurde ich natürlich laufend auf meinen Jakobsweg angesprochen. Damit hatte ich echte Probleme. Viele glaubten oder glauben heute noch, dass der Jakobsweg ein touristisches Unterfangen ist. Einige konnte ich davon überzeugen, dass diese Pilgerfahrt für mich ein sehr intimes Unternehmen war und ich nicht ständig nur fotografieren wollte und konnte. Des Weiteren wollte ich auch nicht die übliche Ansichtskartenorgie veranstalten. Außerdem muss einem Zeit gegeben werden, den Weg für sich selbst auch aufzuarbeiten. Und dies kann dauern …
Meine Frau ging sehr einfühlsam und behutsam mit mir um. Sie überließ es mir, den Augenblick zu wählen, wann ich vom Jakobsweg und meinen Empfindungen berichten wollte. Von vielen Bekannten werde ich seitdem bewundert. Sie können es sich einfach nicht vorstellen, dass jemand ca. 2.600 Kilometer am Stück

läuft. Mir ist das nicht recht. Aufmerksamkeit erregen zu wollen ist nicht mein Ding.
Aber was hat sich nun eigentlich nach dem Jakobsweg nachhaltig verändert? Eigentlich müssten dazu die mir nahe stehenden Personen befragt werden. Ich möchte trotzdem ein paar Aussagen wagen:
Das Pilgern hat zweifellos bei mir dazu beigetragen, dass ich mit der Trauer besser umgehen kann. Die Trauer wird offen gelebt, es wird nichts unterdrückt. Ich hatte auf dem Jakobsweg mehrere Begegnungen, welche mir aufzeigten, dass andere Menschen ein noch viel schlimmeres Schicksal meistern müssen. Ich traf unterwegs gleich zwei Pilgerinnen, welche mir anlässlich der vielen Gespräche vom jeweiligen Suizid ihres Partners berichteten. In beiden Fällen hinterließen die Lebensgefährten keinen Abschiedsbrief. Obwohl die Ereignisse Jahre zurücklagen, waren beide Frauen immer noch am Grübeln. Ich konnte spürten, dass einem Ungewissheit und Schuldgefühle das Leben zur Hölle machen können. Leider kann ich nicht berichten, ob der Jakobsweg den beiden Frauen weitergeholfen hat, da man sich bekanntlich auf dem Weg auch wieder aus den Augen verliert.
Oftmals kam ich mir wie ein Beichtvater vor. Und irgendwie behagte mir diese Rolle auch. Es wurde mir durch diese Gespräche ganz deutlich vor Augen geführt, dass ich eben nicht der Einzige bin, der eine Last zu meistern hat. Vielleicht ist es mir auf dem Weg gelungen zu erkennen, dass ich mich nicht zu sehr selbst bemitleiden darf. Mir ist es klar geworden, dass es mir, der ich frei bin von Ungewissheit und Schuldgefühlen, gelingen kann und gelingen wird, ein „normales Leben" zu führen. Zumindest sind Gefühlswallungen wie großer Zorn und Wut seit Beendigung des Jakobsweges nicht mehr so offen aufgetreten. Auch die in den ersten Monaten nach dem Tod des Sohnes aufkommenden Neidgefühle sind zum Glück jetzt nicht mehr vorhanden. Gedenktage und Geburtstage bleiben aber weiterhin eine besondere Herausforderung, da ist nichts leichter geworden.
Ich bin nachsichtiger und weicher gegenüber meiner Frau und im engsten Bekanntenkreis geworden. Schnellurteile über Menschen

abzuliefern, wie ich es früher sehr oft getan habe, unterlasse ich jetzt. Dies hängt vielleicht auch damit zusammen, dass ich durch den Jakobsweg gelernt habe, besser zuzuhören und andere Standpunkte zuzulassen.
Eines steht für mich fest, das Gehen tut gut. Nicht nur, dass diese oftmals verkümmerte Grundfunktion der Bewegung wieder zum Tragen kommt, beim Laufen werden auch die Sinne angesprochen. Ich kann bestätigen, dass sich beim Laufen manche wirren Gedanken klären und man Impulse bekommt, wie es weitergehen kann. Mein Blick auf die Gesellschaft hat sich sicherlich auch verändert. Ich verspüre keinerlei Neidkomplexe mehr, gerade was die materiellen Dinge anbelangt. Dies mag auch damit zusammenhängen, dass meine Frau und ich finanziell ganz gut abgesichert sind. Es kann durchaus sein, dass wir, nachdem wir keine Erben haben, noch zu Lebzeiten entweder eine Stiftung gründen oder irgendwiesonst verfügen, dass soziale und kirchliche Einrichtungen von unserem bescheidenen Vermögen partizipieren.

Vermutlich wollte ich mir durch das Gehen auf dem Jakobsweg auch etwas beweisen. Nicht nur, dass ich es schaffe, den Weg zu gehen. Unbewusst wollte ich mir wahrscheinlich selbst zeigen, dass ich noch zu etwas Außergewöhnlichem fähig bin. Und das ist mir ja wohl gelungen. Leicht fällt es mir auch heute, einmal klar und schonungslos Nein zu sagen, wenn es angebracht ist. Da war ich früher viel zögerlicher. Um es nochmals auf den Punkt zu bringen: Die vielen Gespräche unterwegs über den Tod des Sohnes und die Lücke, die er hinterlassen hat, haben sicherlich mit dazu beigetragen, dass ich den Verlust des Sohnes jetzt besser akzeptieren kann. Ich bin weiterhin vom Virus des Jakobsweges erfasst. Im September bin ich den ökumenischen Pilgerweg gelaufen. Wenn mich jemand auf den Jakobsweg anspricht, bin ich wie elektrisiert und gebe bereitwillig Auskunft. Am liebsten würde ich auch jeden Tag wieder neu aufbrechen. Hin und wieder gebe ich auch bestimmten Personen den Rat, sich auf den Jakobsweg zu machen. Allerdings rate ich auch, die Erwartungen an den Weg und seinen Mythos, dass er die Menschen verändert, nicht zu hoch zu schrauben.

Die Bettler in meiner Heimatstadt profitieren auch von mir; ich komme nicht an ihnen vorbei, ohne etwas einzuwerfen. Trotzdem bin ich (leider) nicht gläubiger geworden. Eine gewisse Skepsis zu den Kernaussagen der Bibel ist geblieben. Im Kreis der Selbsthilfegruppe der verwaisten Eltern hatte ich letzte Woche einen Vortrag zu meinem Jakobsweg gehalten. Ich hoffe, da auch etwas für eine bessere Grundstimmung anderer Betroffener beigetragen zu haben.
Als ich dann nach zwei Wochen wieder meinen Arbeitsplatz einnahm, erwartete mich eine große Überraschung. Auf meinem Schreibtisch stand ein riesiger Blumenstrauß. Des Weiteren erhielt ich einen Willkommensgruß in Form eines Gruppenfotos mit allen Kollegen aus der Abteilung. Es war dennoch nicht leicht wieder in den Arbeitsprozess hinein zu kommen. Es stand für mich nach dem Jakobsweg auch fest, so bald als irgendwie möglich in den Vorruhestand zu gehen. Die Belastungen des Arbeitslebens in Verbindung mit meiner persönlichen Situation bis zur Erreichung des Normalruhestands zu meistern, konnte ich mir nicht mehr vorstellen.
Es fügte sich dann, dass es mir im Jahr 2005 möglich war, mit meinem Arbeitgeber einen Altersteilzeitvertrag abzuschließen, welcher es mir ermöglichte, mit 57 Jahren in die Freistellungsphase der Altersteilzeit zu gehen. Ich bin nun seit August dieses Jahres im Vorruhestand und beginne nun, mich neu zu orientieren. Meine früheren Chefs und meine direkte Mitarbeiter zeigten vollstes Verständnis für meinen Entschluss, baldmöglichst das Arbeitsleben abzuschließen.

Alles geschieht zu meinem Besten

Ich habe im Laufe der Zeit die Überzeugung gewonnen, dass alle Geschehnisse in meinem Leben zur richtigen Zeit eintreffen und ich immer am richtigen Ort dafür bin. Eine weitere Erkenntnis, die ich gewonnen habe, lautet: Ich bekomme alles, was ich zum Leben brauche, ob es sich um ein geistiges Gedankengut, eine Emotion oder etwas Materielles handelt. So war es auch an einem Tag in Frankreich: Ich war schon etwa 25 Kilometer gelaufen, das entspricht einer Tagesetappe für mich. Meine Füße und deren orthopädischen Probleme ließen selten mehr zu. Geplant war eine Übernachtung in einem sehr kleinen Ort (nur ein paar Häuser), aber die Herberge dort war geschlossen. Die nächste befand sich ca. zehn Kilometer weiter, dazwischen waren noch einige hundert Höhenmeter zu überwinden. Wasser hatte ich fast keines mehr und meine Vorräte waren auch verspeist. Es war noch sehr heiß. Ich sah keinen Menschen auf der Straße, keine Tür wurde auf mein Klingeln hin geöffnet, alles schien wie ausgestorben. Mit einem etwas mulmigen Gefühl lief ich trotzdem weiter. Etwas außerhalb der Ortschaft – ich traute meine Augen kaum – saßen ein paar ältere Leute auf Stühlen im Gras und hielten Picknick. Als sie mich sahen, riefen sie und winkten mich zu sich her. Es waren etwa fünfzehn ältere Leute aus einem Altenheim, die gerade heute einen Ausflug in diese gottverlassene Gegend unternommen hatten und nun fröhlich im Schatten beieinander saßen. Ich wurde freudig begrüßt und bestaunt. Leider konnte ich mich mit ihnen nur mit Hilfe meines Wörterbuches ‚unterhalten'. Diesmal bedauerte ich meine mangelnden französischen Sprachkenntnisse wirklich sehr. Mit Gesten und Lachen zeigten sie auf einen Stuhl, ich sollte mich setzen. Dann brachten sie mir etwas zu trinken, Obst und Käse mit Brot. Es war so schön dort, ich fühlte mich so wohl – sie strahlten mich alle an und erkundigten sich über mein Befinden, wo ich herkam, wo ich hinwollte. Es war ein reges Hin und Her – jeder wollte mir etwas Nettes sagen oder mir etwas Gutes tun. Als ich mich dann zum Aufbruch bereit machte, redeten sie wieder alle durcheinander. Eine Frau drückte mir eine Wasserflasche in die Hand und fragte, ob ich noch etwas brauche. Ich bat noch um ein bisschen Wasser zusätzlich, da ich nicht wusste, ob ich die zehn Kilometer über den Berg zur nächsten Herberge noch schaffen oder einfach draußen schlafen würde. Ich habe mich persönlich von jedem dieser Menschen verabschiedet und mich für diese so angenehme wohltuende Pause bedankt. Gestärkt mit genügend Wasservorrat und freudig motiviert habe ich die restlichen Kilometer erstaunlicherweise ohne Probleme bis zur Herberge geschafft.

Eine Liebesgeschichte

Friedhelm T.

Ich wurde als unehelicher Sohn geboren und durchlebte eine ziemlich schwierige Kindheit. Prügel vom Stiefvater und der überlasteten Mutter waren an der Tagesordnung und noch heute habe ich körperlich an den Folgen zu leiden.
Dann, mit etwa vierzehn Jahren hörte ich das Lied zum ersten Mal. Es erzählte von drei Freunden, die sich aufmachen zu einem Ort mit Namen Santiago. Es ist eine flotte, schöne Melodie und erzählt von einer Stadt im goldenen Sonnenschein. Der Gedanke an dieses Santiago ließ mich nicht mehr los. Immer wieder, manchmal auch nach längerer Zeit, kam mir diese Melodie wieder in den Sinn. Niemand konnte mir sagen, um welches Santiago es sich handelte. Mit der Zeit konnte sich keiner mehr, außer mir, an dieses Lied erinnern.
Meine Lehrjahre als Orthopädie-Schuhmacher waren anfangs geprägt von meinem Widerwillen gegenüber diesem Beruf, der mir vom Stiefvater aufgezwungen wurde. Mein Protest blieb nicht unsichtbar, ich ließ mir die Haare bis über die Schultern wachsen. Eines Tages nahm mich mein Lehrmeister beiseite und offenbarte mir die Wichtigkeit dieses Berufes, nämlich kranken Leuten zu helfen, damit sie ihr Leben leichter leben konnten. Danach hatte der Beruf für mich plötzlich einen Sinn bekommen.

Fortan wuchsen die Begeisterung und der Spaß an meiner Arbeit. Ich gewann sogar mehrere Wettbewerbe.
Ein paar Jahre später lernte ich meine zukünftige Frau kennen. Es begann eine schöne Zeit. Wir bauten ein Haus und bekamen zwei Kinder. Zu den Nachbarn hatten wir schnell Kontakt gefunden und zusammen mit einigen Freunden gründeten wir einen internen Wanderclub. Wir unternahmen tolle Touren durch ganz Deutschland und den Benelux-Staaten.
Leider kam es im Laufe der folgenden Jahre kam es immer öfter zum Streit zwischen mir und meiner Frau. Es war längst keine Ehe mehr, sondern ein Nebeneinanderherleben mit Showelementen nach außen hin. Und eines Tages erfuhr ich von meiner Frau, dass sie mich nur geheiratet hatte, um versorgt zu sein, nicht aus Liebe zu mir. Ich wurde immer einsamer und ging nur noch wandern und spazieren. Alleine lief ich durch die Wälder und wurde depressiv – ich spielte sogar mit Selbstmordgedanken.

Dann kam ein folgenschwerer Tag. Morgens um zehn vor sieben schlug ich die Zeitung auf und sah die Anzeige. Es lief mir kalt den Rücken und die Beine runter. Sie lautete: ‚Noch zwei Plätze für Santiago de Compostela frei.' Ich starrte die Zeitung an und war wie gelähmt. War es mein Santiago? Dann griff ich zum Telefon und wählte die angegebene Nummer. Der Mann am anderen Ende versprach mir, schnellstens die Unterlagen zuzusenden. Gleich am nächsten Tag erhielt ich die Papiere, füllte sie aus und schickte sie zurück. Ich war aufgeregt und innerlich aufgewühlt wie ein kleines Kind. In mir empfand ich Freude, aber auch etwas Bedrohliches. Ich kann es nicht beschreiben.
Damit alle Teilnehmer sich kennen lernen konnten, wurde zu einem gemeinsamen Treffen in einem Kloster eingeladen. Als ich dort ankam, waren schon einige Pilger anwesend. Es mussten noch ein paar Formalitäten erledigt werden und anschließend wurden uns zur Einstimmung schöne Bilder des Caminos gezeigt. Zwischendurch hörte ich links von mir jemanden sprechen, dessen Stimme mir sehr vertraut, ja regelrecht bekannt vorkam. Es war wie ein Déjà-vu-Erlebnis für mich. Ich schaute immer wieder

nach links, aber es war kein bekanntes Gesicht zu sehen. Ich war mir absolut sicher, dass ich diese Stimme kannte. Dann sah ich die kleine Frau. Woher kannte ich sie? Wo hatte ich sie schon gesehen? Wo kam sie her?
Dann stellten wir uns einander vor. Als die kleine Frau an der Reihe war und sie ihren Namen nannte, war ich enttäuscht – eine Romana aus Essen kannte ich nicht. Ich war nie in Essen gewesen. Und trotzdem war ich mir absolut sicher, dass ich ihr schon einmal begegnet war. Aber wo? Wieso war sie mir so vertraut?
Am Tag der Abreise stiegen wir morgens um vier Uhr in den Bus nach Frankfurt/Main. Ich saß ziemlich weit vorne auf der linken Seite und Romana rechts schräg hinter mir. Immer wieder ging mein Blick zu ihr, und meine Gedanken kreisten um das gleiche Problem wie seit Tagen. Woher kannte ich diese Frau? Naja, ich hatte nun ja zwei Wochen Zeit, um das herauszufinden.
Wir flogen nach Madrid und fuhren von dort mit einem Bus nach Norden bis Astorga. Dort war die erste Übernachtung. Am nächsten Morgen sollte es losgehen.
Im Laufe der nächsten Tage näherten Romana und ich uns immer mehr an. Fast immer gingen wir zusammen – ein bisschen abseits der Gruppe, wie zwei Magnete, die sich unwiderstehlich anzogen. Es war eine große Unruhe in mir, auch ein Angstgefühl überkam mich immer mal wieder. Was war nur los mit mir? Drehte ich durch?
Romana war immer in meiner Nähe und ich in ihrer. Beim späteren Durchsehen unserer Fotos bemerkten wir, dass der eine immer den anderen im Bild hatte. Zumindest bei mir war das reiner Zufall. Da es aber keine Zufälle gibt, wie Pater Rainer zu sagen pflegt, muss jemand uns gelenkt haben. Es war ein langer Sandweg zwischen O Cebreiro und Triacastela, als plötzlich meine Hand ergriffen wurde. Ich drückte die Hand, als wäre es selbstverständlich, eine fremde Frau bei der Hand zu nehmen. Aber waren wir uns wirklich fremd? Ich glaubte immer noch, sie von irgendwoher zu kennen. Unsere Gespräche hatten aber keine Aufklärung gebraucht. Was wollte sie von mir? Wie sollte ich mich verhalten, Sollte ich sie wieder loslassen. Ich war doch verheiratet und hatte ein Ver-

sprechen gegeben, das ich trotz der widrigen Umstände nicht brechen wollte. Es wäre mir nie in den Sinn gekommen, fremdzugehen. Aber ich ließ Romanas Hand nicht los. So gingen wir schweigend nebeneinander. Jeder war mit seinen Gedanken beschäftigt. Wir ließen uns nur los, wenn Pater Rainer mit dem Proviantwagen in Sicht kam. Einmal sagte sie lachend, dass sie gerne wüsste, was die anderen von uns denken würden. Aus einer ‚Zufallsbekanntschaft' war eine Freundschaft geworden.
Den Rest des Caminos gingen wir fast ausschließlich Hand in Hand, und wir fanden es schön. Es erinnerte mich an die Kindheit und Jugendzeit, wo man stolz war, ein Mädchen an der Hand zu haben. Manchmal gab es Augenblicke, wo Romana sich von mir abwandte oder mich spüren ließ, dass sie etwas gegen meine Gutenachtbiere hatte. Ich wurde dann unsicher; dabei sorgte sie sich um meine Gesundheit, ohne dass es ihr bewusst war. Das ist noch heute so.

Wir kamen Santiago immer näher. Beim Gedanken daran sträubten sich mir die Nackenhaare. Ich wusste nicht, wie es dort aussah, ich war schließlich noch nie dort gewesen. Wovor fürchtete ich mich? Dann kam der Monte do Gozo. Ich hätte mich am liebsten geweigert, dort hochzugehen. Romana hatte mir gesagt, dass man von dort Santiago sehen könne. Aber ich wollte es nicht sehen. Dann stand ich dort oben. Ich war wie gelähmt und zu keinem klaren Gedanken mehr fähig. Am liebsten wäre ich gestorben. Die Angst war furchtbar. Ich konnte sie nicht erklären. Am Stadtrand schmückten mich Frauen mit Blumen. Sie steckten sie mir in die Knopflöcher und die Brusttaschen des Hemdes. Ich kam mir vor wie ein Opfertier. Wir gingen durch eine enge Gasse, und dann sah ich die Kathedrale. Ich war wie versteinert. Romana drückte mich an sich und gratulierte mir zur Ankunft. Ich registrierte es nicht. Erst später, auf einem Foto, wurde mir diese Situation wieder bewusst. Wir wurden aufgefordert, uns für einen Film als Statisten auf die Treppe am Pferdebrunnen zu setzen. Dabei hatte ich die Kirche im Rücken und beruhigte mich etwas. Als die Gruppe dann aufbrach, ins Innere der Kathedrale zu gehen, fasste ich den Entschluss, nicht mitzugehen. Ich stand

wie angewurzelt am Rande des Vorplatzes. Und dann ging ich doch. Langsam ging ich auf die Treppe zu. Mir war kalt und es wurde mir übel. Ich stand an der Treppe. Meine Hand griff zum Geländer, und ich zog mich Stufe für Stufe hinauf. Ein Teil von mir wollte weglaufen, und der andere Teil war neugierig, warum ich solche Angst hatte. Zuerst sah ich nichts. Als meine Augen sich an die geänderten Lichtverhältnisse gewöhnt hatten, war ich total enttäuscht. Kein Prunk, nur Steine und Holzbänke. Halbrechts fiel mir eine alte Kirchenbank auf, deren Lehne etwas höher als die anderen war. Ich setzte mich. Ich war allein in diesem Seitenschiff. Von den anderen Pilgern war niemand mehr zu sehen. Langsam beruhigte ich mich. Die Angst hatte sich gelegt. Sie hatte einem Gefühl der Spannung Platz gemacht.
Aber es geschah nichts. Da wurde ich frevlerisch. Ich murmelte vor mich hin: „Was soll ich hier? Warum dieser faule Zauber? Warum bin ich zum falschen Jakob gepilgert? Gott, wenn es Dich wirklich geben sollte, dann sag mir, warum es mich hierher zog und warum ich Angst vor dieser primitiven Kirche habe! Aber Dich gibt es wohl genauso wenig wie diesen falschen Jakob!“ Ja, ich verleugnete und beleidigte Gott.
Plötzlich schnürte mir etwas die Kehle zu. Ich wollte schreien, aber es wurde ein stiller Schrei. Irgend etwas war in mir. Ich fühlte etwas Unheimliches, es griff nach mir. Als ob eine Hand tief in mich hineingreifen würde. Es tat sehr weh. Ich weinte wahre Sturzbäche von Tränen. Diese zerstörten die Blüten der Blumen an meinem Hemd, so dass ich nur noch die Stängel in den Brusttaschen trug. Die unsichtbare Hand, die in mir wütete, zog etwas aus mir heraus. Vor meinem geistigen Auge kam es mir vor, als würde ein Knäuel schwarzer Fäden aus meinem Inneren entfernt. Es war das Schlimmste, was ich im Leben an Pein durchlitten habe. Jede Zelle meines Körpers erschauderte. In meiner Not betete ich wie Elias unterm Ginsterstrauch: „Herr lass es vorbei sein, lass mich sterben!“ Es kam mir wie eine Ewigkeit vor, bis ich befreit war.
Eine Stimme sagte: „Kommst du mit ins Hauptschiff? Die anderen sind auch da!“ Vor mir stand eine Mitpilgerin aus der Gruppe. Ver-

wirrt ging ich mit und bemerkte erstaunt, dass die Kirche doch viel größer und prächtiger war, als ich angenommen hatte. Ich nahm bei der Gruppe Platz und fragte mich, was vorhin wohl mit mir los gewesen war. War ich verrückt? Dann kam ES wieder über mich, und ich weinte hemmungslos drauf los. Nur mit Mühe konnte ich ein Schreien unterdrücken. Doch niemand schien auf mich zu achten.
Dann begann die Pilgermesse, und ich wurde ruhig. Ich merkte, dass ich plötzlich keine Angst mehr hatte. Auf eine unerklärliche Weise war sie plötzlich weg. Und noch etwas war weg. Mein Hass. Mein Hass auf den Stiefvater, auf die Mutter und auf meine Frau, die mich geheiratet hatte, um versorgt zu sein. Alles war weg. Ich fühlte mich befreit und gut. Ich suchte Romana, wollte ihr von meinem Erlebnis in der Kirche erzählen, aber sie hielt Abstand zu mir. Später vertraute sie mir an, dass diese Messe das Schlimmste für sie auf der Pilgerreise gewesen sei. Es war eine Abschiedsmesse, ein Abschied von mir.
Beim Einchecken für den Rückflug achtete ich darauf, in ihrer Nähe zu sein, denn ich wollte so lange als möglich bei ihr sein. Sie nahm einfach meine Hand und hielt sie während des gesamten Fluges fest. Dann sagte sie es: „Ich möchte Dich nie mehr loslassen. Es war so schön, neben Dir zu gehen und mit Dir zu lachen. Ich habe Angst, wieder allein zu sein."
Ich sprach beruhigend auf sie ein und meinte, wir könnten uns ja mal treffen. Sie war den Tränen nahe, hielt meine Hand und schaute zum Fenster hinaus, damit ich nicht sah, wie sie litt. Es tat mir so Leid für sie, für uns, aber ich war ja schließlich verheiratet. Dann waren wir wieder in unserer Heimat. Alle hatten sich verabschiedet, nur wir beide standen noch auf dem Parkplatz. Am Auto umarmten wir uns, und ich versprach ihr, dass ich sie besuchen kommen würde. Zweifelnd schaute sie mich an. Sie glaubte mir nicht. Ich sagte: „Buen Camino!", und sie fuhr davon.

Da stand ich nun mit meinem Koffer und wartete auf meine Frau, die mich abholen sollte. Einsam und alleine wie zuvor. Ja, noch einsamer. Eine Frau, die in einem Wohnmobil dort parkte, kam zu mir und sagte in gebrochenem Deutsch: „Deine Frau weggefahren?"

„Nein“, sagte ich, „meine Frau kommt mich gleich abholen“. Darauf meinte sie: „Deine Frau weggefahren, kommt nicht wieder.“ Drehte sich um und ging. Der Sinn dieser Worte wurde mir erst viel später klar. Sie klangen wie eine Prophezeiung.
Dann kam meine Frau, und ich stieg ein. Es war, als ginge ich freiwillig ins Gefängnis. Das Wiedersehen verlief recht unterkühlt. Sie interessierte sich so gut wie gar nicht für meine Reiseerlebnisse. Stattdessen überfiel sie mich mit den Alltagsproblemen von Zuhause und in der Firma. Ich war auf einen Schlag wieder zurück. Die kommenden Wochen waren sehr schlimm. Ich versuchte immer wieder, mich meiner Frau anzunähern, aber ohne Erfolg. Sie wollte immer nur fernsehen oder ihre Romane lesen. Ich lief in jeder freien Minute über die Felder und durch die Wälder. Dann traf ich einen Entschluss. Ich drohte ihr mit meinem Auszug, wenn sich an unserer Situation nichts ändern würde. Aber es änderte sich nichts. Nach wie vor gab es kein Abendessen, die Zimmer waren vollgemüllt, in den Schränken verdorbene Lebensmittel, keine Zärtlichkeit und kein liebes Wort. So vergingen die Wochen wie zäher Schleim.
Dann kam der Anruf von Romana. Ich war total baff. Sie wollte wissen, ob ich den Bericht in der Zeitung über die Jakobspilger gelesen hätte. Wir unterhielten uns lange. Sie erzählte mir, dass sie in zwei Wochen in ihrem Haus in der Eifel sei. Die Hausnummer verschwieg sie mir aber. Da ich ja mal zur Kripo wollte, war mein Ehrgeiz geweckt. Ich hatte nur ein paar Anhaltspunkte aus unseren Gesprächen. Ich fand den Ort und nach einigem Suche auch das Haus, auf das die Beschreibung passte. Es gab keine Hausnummer und auch kein Namensschild. Mutig warf ich meine Visitenkarte mit meiner Handynummer durch den Briefschlitz in der Hoffnung, sie würde mich anrufen. Aber kein Anruf kam. Ich konnte es nicht glauben. Meine Gedanken kreisten nur um sie und unsere gemeinsame Pilgerfahrt. Um vierUhr morgens fasste ich einen Entschluss. Ich stand auf, schlich mich aus dem Haus und fuhr los, in die Eifel. Ich weiß nicht mehr, was ich dachte, ich wollte sie nur wiedersehen! Gegenüber dem vermeintlichen Haus parkte ich. Es brannte natürlich kein Licht, aber auf der

Straße parkte ein Ford. Es musste das richtige Haus sein. Aber wie sollte ich mich bemerkbar machen. Es gab keine Klingel. Ich setzte mich auf die Treppe und ließ die Klappe für den Briefeinwurf immer wieder fallen. Es war ein lautes Geräusch, doch es tat sich nichts. Ich glaubte das ganze Dorf aufgeweckt zu haben, als ich etwas hörte. Dann wurde neben mir der Rollladen hochgezogen. Ich stand da und sah sie an. Sie stand auf der anderen Seite des Fensters und schaute ungläubig und nach wenigen Sekunden lachte sie ihr glockenhelles Lachen. Sie öffnete die Tür und zog mich einfach hinein.

Ich bin ausgezogen – meine Frau hat es nicht weiter berührt. Erst Monate später wurden Romana und ich ein richtiges Liebespaar. Ich kam zu der Ansicht, dass ich, zumindest vor Gott, nicht mit meiner Frau verheiratet war. Das Lied habe ich wieder gefunden. Es heißt „Santiago“ und wird von Michael Holm gesungen. Eine absolute Rarität. Anfangs dachte ich, dass ich den Kampf mit Gott verloren hätte. Doch dann merkte ich, dass er mich gewinnen ließ. Ich tauschte den Hass gegen die Liebe. Wir sind ge-

Ein Steinherz an einem Ast

meinsam wieder auf dem Weg nach Santiago. Ab Köln sind wir in Etappen bis nach Le Puy gepilgert. Unterwegs sind uns massenhaft Engel begegnet. Ich gehe mit ihr bis ans Ende der Welt ...

Noch ein ganz besonderes Erlebnis von Friedhelm möchte ich erwähnen:
„Auf dem Weg zum Cebreiro kaufte ich bei einem Bauernhof ein Jakobskreuz. Alle beneideten mich um das schöne Kreuz – drei Tage später, in Coto, hatte ich es verloren. Es war unauffindbar. Wir suchten überall, ich wendete sogar das Bett, aber das schöne Kreuz blieb verschwunden. Traurig und ohne Kreuz ging es weiter. Nachdem wir schon drei Monate zuhause waren, klingelte an einem Abend das Telefon. Es war Pater Rainer, der die Reise nach Santiago organisiert hatte. Er saß an der Bar in Coto und ich sollte raten, was er in der Hand hätte. Meine Nackenhaare sträubten sich. Ich sagte nur: ‚Das ist nicht wahr!' ‚Doch', sagte er, ‚Du kannst es am Montag bei mir abholen.' Eine Putzfrau hatte mein Kreuz gefunden, und ich bekam es wieder. Das ist ein typisches Wunder des Camino. Es hängt nun in meinem Schlafzimmer und ich denke, dass es etwas Besonderes ist, da ich es zweimal bekam."

Letztendlich entscheidet der Camino, was geschieht. Die ersten Pilgertage auf einer Jahresetappe versuche ich immer noch ‚die Führung' zu übernehmen, mich nach Sicherheit zu orientieren und zu planen. Irgendwann kann ich mich dann anvertrauen und loslassen und mich führen lassen. Dieses Loslassen gelingt mir meist erst, wenn ich merke, dass das Streben nach Sicherheit den Tagesablauf so sehr gestaltet, dass ich den Weg nicht mehr genießen kann und die Füße dadurch schwer werden und noch mehr schmerzen. Dann erst kann ich mich so richtig auf den Weg einlassen und die Leichtigkeit des Daseins spüren. Glücklicherweise durfte ich viele Pilgertage verbunden mit dieser Leichtigkeit spüren, und dennoch lege ich zwischendurch Sicherheitsanker aus und buche mir ein Zimmer vor, wenn ich mein Tagesetappenziel unbedingt erreichen möchte, sei es aus kulturellen Gründen oder weil ich endlich einmal wieder ein Zimmer für mich allein haben möchte.

Zufall?

Fred B.

Ich weiß nicht, ob ich mich der Jakobusweg verändert hat; ich bin jedenfalls immer noch nicht DER Superchrist. Rückblickend gaben mir jedoch einige Ereignisse zu denken ...

Als ich im April 2006 in Burgos wegen einer Verletzung abbrechen musste, traf ich, während ich auf den Zug wartete, alle Pilger wieder, die mir etwas bedeutet hatten. Zufall? Lange hatte ich mich mit dem Camino auseinandergesetzt. 2006 ging ich in den passiven Teil der Altersteilzeit. Das Gehen des Pilgerweges sollte ein Dankeschön dafür sein, dass ich, meine Frau und die Kinder gesund sind, Arbeit haben oder das Studium erfolgreich beenden konnten, und für mich ein Neubeginn.

Ich startete Mitte April 2006 in Pamplona mit einem Rucksackgewicht von 18 Kilogramm, viel zu schwer, aber ich wollte auf

alles vorbereitet sein. Außerdem hatte ich in den Alpen bei unternommenen Bergtouren ein ähnliches Gewicht zu tragen – bislang ohne Probleme.
Anfangs fehlte mich noch das Gespür für Wegweiser und den Weg. Ohne einen Menschen zu sehen überquerte ich den Perdón-Kamm. Beim Abstieg überholten mich vier Pilger aus Franken, denen ich mich anschloss. Wir gingen gemeinsam die nächsten Tage bis Azofra und verbrachten auch zusammen die Abende. Auf der Etappe nach Azofra bekam ich Schmerzen in meinem Knie, das im August 2005 operiert worden war. So musste ich meine Mitpilger am nächsten Tag ziehen lassen und den Weg allein fortsetzen. Wir verabredeten uns in Santo Domingo.
Wegen immer stärker werdenden Schmerzen entschied ich mich, dort zum Arzt zu gehen. Das hieß also Abschied nehmen von meinen vier Mitpilgern, denn ihre Tagesetappe war noch nicht zu Ende. In der Herberge nahm mir eine junge Frau sofort den Rucksack ab und suchte für mich ein Bett aus. Ein Mitpilger begleitete mich zum Arzt, der mir einen Verband anlegte und einen Tage Ruhepause verordnete. Der Hospitaliero erlaubte mir wegen meiner gesundheitlichen Probleme, einen Tag länger in der Herberge zu nächtigen und sorgte sich sehr um mein Wohl.
Dann ging es weiter; ich lief nur kurze Strecken, machte öfter Pause, bis Redecilla del Camino, und wieder nahm mir dort die Hospitaliera meine Wäsche ab und wusch sie für mich. In Belorado, in der Albergue, bekam ich wegen meines schmerzenden Knies ein frei stehendes Bett – außerdem kümmerten sich drei Pilgerinnen aus Österreich um mich.
Am nächsten Morgen ging es weiter in Richtung San Juan de Ortega. Auf dem Weg traf ich Monique und Gerty aus Luxemburg und später Susanne aus den Niederlanden, auch die Österreicherinnen kamen später hinzu. Alle kümmerten sich rührend um mich.
Am nächsten Morgen schleppte ich mich bis Atapuerca und wartete dort auf einer Bank. Wieder begegneten mir die Österreicherinnen, dann auch Monique und Gerty. Gerty hatte einen kaputten Schuh, wir beide konnten nicht weiter. Da kein Bus fuhr,

entschieden wir uns für Autostopp. Gleich der erste Wagen hielt an und brachte uns an den Rand von Burgos (dabei sagt man den Spaniern doch nach, dass sie Pilger nicht mitnehmen würden!) In Burgos wollten Monique und Gerty einen Tag pausieren. Ich ging zu meiner Herberge außerhalb der Stadt. Nachdem ich ein Bett hatte, ruhte ich erst einmal.

Am frühen Abend bei den Vorbereitungen für das Abendessen, der Schreck: „Morgen ist Sonntag und am Montag ist der 1. Mai, alle Läden sind dann geschlossen!“ Cornelia aus Schweden stand auf und ging spontan für mich einkaufen. Ich war ihr unendlich dankbar dafür. Wir schreiben uns noch immer. Ich wusste nicht, wie es weitergehen sollte. Sollte ich weiter kurze Strecken laufen, einige Tage in Burgos bleiben oder den Zug nach León nehmen? Den Fahrplan hatte mir der Hospitaliero am Abend aus dem Internet gesucht. Nach einer unruhigen Nacht entschloss ich mich für die León-Lösung. Ich stand spät auf und begab mich zum Bahnhof. Auf dem Weg dorthin wurde mir klar: „Der Camino ist hier und heute zu Ende.“ Wegen der Schmerzen im Knie konnte ich unmöglich weitergehen. Unter Tränen benachrichtigte ich meine Frau über meinen Entschluss, die mich damit tröstete, ich könne doch nächstes Jahr weitergehen….

Es ist 10 Uhr morgens, mein Zug geht erst um 22.20 Uhr. Ziemlich geknickt humple ich in Richtung Kathedrale und setze mich in die Sonne. In Gedanken bin ich bei all den guten Geistern, die mir in den letzten Tagen so selbstlos geholfen und mich immer wieder aufgemuntert haben. Ich durfte auf den vielen gelaufenen Kilometern soviel Zuspruch und Nächstenliebe erfahren. Gerne hätte ich mich noch einmal bei allen bedankt und mich verabschiedet. Und mitten in meinen wehmütigen Gedanken tauchten plötzlich die Damen aus Österreich und fast zeitgleich Monique und Gerty auf, die in Sahagún ihren Pilgerweg für dieses Jahr beenden wollten. Wir verabschieden uns sehr herzlich voneinander und versprachen, gegenseitig Kontakt zu halten. Am Nachmittag sitze ich in einer Bar, da kommt Susanne um die Ecke – wieder so ein Zufall. Ich war sehr dankbar für diese wunderbare unerwartete Fügung, diesen Menschen am Ende meiner Pilgerreise wieder zu begegnen.

Die Rückfahrt wurde noch sehr strapaziös. Wieder zuhause diagnostizierte mein Orthopäde einen Ermüdungsbruch im rechten Schienbeinkopf; damit war ich also 75 Kilometer gelaufen.
In den folgenden zwölf Wochen war Ruhe angesagt. Ich beantwortete Fragen im Internet, tauschte mit interessierten E-Mails aus und gab allen den Rat: Jeder muss seinen Weg gehen, man ist nicht allein, immer ist jemand mit Trost und Rat da, wenn man will.
Genau zwölf Monate später begann ich die Fortsetzung des Jakobsweges ab Burgos. Mein Rucksackgewicht hatte ich auf ca. 10 % meines Körpergewichtes reduziert und nahm mir vor, immer auf meinen Körper zu hören bzw. die Etappen so zu wählen, dass kein Stress aufkommt.
Schon am ersten Abend in Hornillos de Camino traf ich Ton aus Holland, der mir im Laufe der nächsten Tage immer wieder begegnen wird. Wir liefen ‚gemeinsam' und doch solo zum jeweiligen Ziel. In Calzadilla de la Cueza beim Rasten hörte ich am Nebentisch eine Frau von ihrem bisherigen Weg berichten. Sie hatte sich von ihrer Begleitung getrennt und lief ohne Mitpilgerin. Und plötzlich merkte ich, ich kenne diese Dame von meinen E-Mails. Ich sprach sie an, und die Freude und das Erstaunen war riesengroß. Nun liefen wir zu dritt weiter, Annett, Ton und ich. In Ledigos gesellte sich noch Dietrich zu uns. In Sahagún holten wir Monique und Gerty, meine Luxemburgerinnen vom letzten Jahr, vom Bahnhof ab. Zur Feier des Tages kochte ich für alle für ein gemeinsames Abendessen.
In den folgenden Tagen trennten sich unsere Wege immer wieder. Ich lernte neue Pilgerfreunde kennen: Maraike und Ben aus den Niederlanden und Roger aus Südfrankreich. Über SMS hielt ich losen Kontakt zu Annett. Mit ihr traf ich mich in St. Irene, wir wollten am nächsten Morgen pünktlich zur Pilgermesse in Santiago ankommen. Bei unserer Ankunft war die Kathedrale schon voll besetzt. Wir gingen durch die Reihen und suchten nach freien Plätzen. Auf einmal sahen wir Ton dort sitzen. Er wollte eigentlich schon in Amsterdam sein, hatte aber von Bus auf einen Flug umgebucht und war deshalb noch in Santiago. Unter Tausenden von Gläubigen traf ich ihn – wieder ein Zufall? Gemeinsam gingen wir Richtung Finisterre.

Nach meiner Rückkehr mit dem Bus nach Santiago war alles anders. Die eintreffenden Pilger kannte ich nicht, alles wirkte sehr touristisch. Nachmittags ging ich noch einmal in die Kathedrale. Und welch Freude, in der Kirche traf ich Roger und Dietrich. Wir verbrachten meinen letzten Abend in Spanien zusammen.

Die Rückreise trat ich mit dem Bus an. 38 Stunden sind eine lange Reisezeit, aber für mich war es ein erstes Aufarbeiten ‚meines Caminos', da ich an einigen Orten, die ich durchlaufen habe, vorbeifuhr. Noch immer bestehen Verbindungen zu einigen Pilgerfreunden, die mit mir gelaufen sind, wir tauschten Fotos und machten Pläne.
Durch einen weiteren besonderen ‚Zufall' wurde ich auf einen Film über den Jakobsweg aufmerksam gemacht. Nach der Vorstellung vor dem Kino tippte mir jemand auf die Schulter – es war Dietrich, der extra nach Hamburg gekommen war, um den Film zu sehen. Das war natürlich eine riesige Überraschung, uns an diesem Ort wiederzubegegnen.
Ich mag seit meiner Pilgerreise nicht mehr an sogenannte Zufälle glauben. Nach den Tagen, an denen ich allein unterwegs war, ist für mich nicht mehr alles selbstverständlich. Ich habe gelernt, die Natur und alle Lebewesen zu achten. Ein Mitpilger sagte: „Danke, dass Ihr mich so gelassen habt, wie ich bin!" Ich denke, dass auch ich nach den Wochen auf dem Jakobsweg ein bisschen nachdenklicher geworden bin.
Sicher ist, ich war niemals einsam, wenn ich es nicht wollte. Immer war Hilfe in irgendeiner Art, sei es durch Worte oder Taten, da. Jeder Gruß schenkte mir ein Lächeln. Die vielen Gründe der Pilger, sich auf den Weg zu machen, beeindruckten mich und gaben mir Kraft, weiterzulaufen. Mit vielen Pilgerfreunden habe ich noch Verbindung. Mit Dietrich war ich mittlerweile in Luxemburg und habe Gerty und Monique besucht.

Von Le Puy bis Saint-Jean-Pied-de-Port

2008 startete ich in Le Puy. Mein Ziel war das ca. 750 Kilometer entfernte Saint-Jean-Pied-de-Port. Aus irgendeinem Grund bekam ich große Furcht, es diesmal ohne Pilgerbegleitung nicht zu schaffen. All die Jahre war ich ja größtenteils allein unterwegs gewesen. Erst in der Schweiz gab es dann und wann mal Gesellschaft beim Laufen. Aber irgendwie hat es nie so richtig mit dem Schritttempo gepasst, und so blieb es bei ein paar Kilometern Gemeinsamkeit. Ich besuchte die Pilgermesse in Le Puy, dort gibt es einen wunderschönen Brauch: Jeder Pilger darf auf ein Zettelchen einen geheimen Wunsch schreiben. Für diesen Wunsch wird dann öffentlich in der nächsten Sonntagsmesse gebetet. Ich wünschte mir eine/n Weggefährten/in.

Im Grunde war ich von Beginn an immer in Gesellschaft. Etwa fünfzig Pilger starteten mit mir. Und so machte ich bei Gesprächsbedarf einfach eine Pause und wartete auf die aufrückenden Pilger und schloss mich ihnen an. Es kristallisierte sich bald eine internationale Pilgerfamilie heraus, zu der auch ich gehörte: Miriam aus Schottland, Adam und Ben aus Amerika, Joost aus Belgien, Patrick aus Österreich und noch weitere fünf Deutsche. Wir liefen wegen unterschiedlichem Schritttempo meist getrennt, trafen uns aber abends in der gleichen Herberge wieder und feierten unser Ankommen. Leider mussten die meisten nach zwei, drei Wochen wieder zurück in die Heimat.

Etwa zwei Wochen vor Saint-Jean-Pied-de-Port traf ich morgens in Eauze Petra aus Landshut in der Herberge beim Frühstück. Wir gingen zufälligerweise gemeinsam los und merkten, dass wir schritttempomäßig ein gutes Team waren. Es war das erste Mal, dass ich auf meiner Pilgerreise jemanden fand, der den gleichen Schritt und die gleichen Ziele wie ich hatte. Zudem verstanden wir uns auch persönlich sehr gut.

Petra hatte im letzten Jahr schon eine Pilgertour absolviert und war bereits in Santiago angekommen. Sie berichtete mir von dem

besonderen Gefühl des Angekommenseins dort, und ich konnte mich gar nicht satt hören an ihren Erzählungen darüber. Ich selber bin so gespannt darauf, ob auch mir dieses Gefühl eines Tages zuteil werden wird, wenn ich Santiago oder Finisterre erreicht habe und damit das Ende meiner dann siebenjährigen Pilgerreise eingeläutet wird. Ich wünsche mir so sehr, dass dieses Ankommen für mich auch gleichzeitig ein Ankommen in meinem Leben bedeutet.
Petra hatte den Wunsch, auf dem Weg unbedingt eine reife Feige zu pflücken und diese dann natürlich auch zu essen. Und so wurde jeder noch so große Feigenbaum genauestens auf reife Früchte untersucht. Die Chance war wirklich sehr gering, denn obwohl die Bäume überladen mit Feigen waren, fanden wir keine reifen. Aber sie ließ sich nicht beirren. Jeden Tag hielt sie gewissenhaft Ausschau danach. Und eines Tages wurde sie tatsächlich belohnt. Es war wirklich unglaublich, und ich bekomme noch heute eine Gänsehaut, wenn ich daran denke. Wir standen vor einem riesigen Feigenbaum mit etlichen unreifen Früchten und genau einer

Kurz vor Saint-Jean-Pied-de-Port

reifen Feige, die auch noch in Griffnähe an einem Ast hing. Diese wurde natürlich gepflückt und ausgiebig von Petra genossen. Wir diskutierten noch lange darüber, was dieser seltene Fund wohl für ihr Leben bedeuten könnte. Da sie ja fündig geworden war, sahen wir es als gutes Omen, als gute Fügung für ihre Zukunft. Möge sie auch in ihrem Alltag das finden, was sie auf dem Camino so fleißig gesucht und schließlich geerntet hatte ...
Gemeinsam kamen wir in Saint-Jean-Pied-de-Port – meinem Jahres-Etappenziel an. Petra wollte noch drei Tage weiter über die Pyrenäen nach Puente la Reina pilgern. Trotz meiner schon seit Tagen andauernden Hüftprobleme beschloss ich, morgens mit ihr aufzustehen und sie noch auf den Weg zu bringen. Unter dem Stadttor verabschiedeten wir uns sehr herzlich voneinander. Unsere Adressen und Telefonnummern hatten wir bereits ausgetauscht; wir halten bis heute losen Kontakt miteinander. Die Begegnung mit Petra und die gemeinsamen Tage mit ihr waren wirklich etwas ganz Besonderes für mich – eines meiner größten Geschenke des Camino.

Dankbarkeit

Hans L.

Grund für meine Wanderungen war das Hören davon und Lesen darüber. Dazu kommt, dass auf mich die Natur beruhigend und nahe an der Schöpfung wirkt.
Leider hatte ich ab Beginn große Schwierigkeiten mit Blasen an den Füßen, die so groß wurden, dass ich fast eine Woche in der Nähe des schweizerischen Brienzersees in der Heilsarmee flach lag. Eine tiefe Erfahrung, da ich las, las, las, und zwar ausschließlich christliche Literatur aus der dortigen Hausbibliothek. Ohnehin in einer privaten Krise – nach zwanzig Jahren ging meine Ehe kaputt – war ich offen und empfänglich für Neues.
Bis dahin wanderte ich ab dem zweiten Tag mit einer 21-jährigen Musikstudentin. Das Zusammentreffen war ungesucht, ich wollte eigentlich allein wandern. Allein die paar gemeinsamen Tage waren angefüllt mit Erfahrungsaustausch, mit einer gewissen inner-

lichen Nähe. Wir schliefen sogar im selben Zimmer, was mich gerade nochmals erstaunte, denn ich erwartete eigentlich eine gewisse ‚Fürchte-Distanz'.
Eben: Für mich war das alles ziemlich erstaunlich, denn schließlich war ich mehr als 30 Jahre älter. Sie suchte auch nach den Wanderungen, bereits wieder zurück im Alltag, noch ein paar Mal den Kontakt zu mir, welchen ich dann aber nach einiger Zeit auslaufen ließ. Immerhin glaube ich, dass ihr meine Lebenssicht in dieser und anderen Weise offenbar irgendwie geholfen hat.
Dankbarkeit ist eigentlich eines der stärksten Gefühle, das mir von diesen Tagen in Erinnerung bleibt: Dafür, dass ich so was unternehmen durfte; dafür, dass es mich noch gibt; dafür, dass alles so ist, wie es ist; dafür, dass ich mich, im Letzten, einem guten Gott gegenübergestellt sah; dafür, dass diese Welt so großartig ist, obwohl wir ja in den Augen von Christen in einer gefallenen, inkompletten Welt leben. Das hat mich stark geprägt. Ich erkannte: Sollte diese christliche Negativschau der Welt stimmen und eben diese dennoch so großartig sein – wie viel schöner und großartiger wird es dann im versprochenen Himmel sein?!
Seither hat sich mein diesbezüglicher Blick und die Erwartungen darüber zünftig gewandelt. Ich freue mich heute wirklich auf jene zu erwartende Anderswelt. Sie wird hoch spannend sein!
Viele kleine Dankbarkeiten fanden sich schließlich hier und dort, z. B. in Fribourg, wo es wolkenbruchartig regnete und ich mich gerade noch in ein Alters- und Pflegeheim retten konnte. Dort wollte man mir anfänglich kein BesucherInnen-Zimmer überlassen. Doch siegte das Mitgefühl; ich bekam eine Bleibe und diese auch noch gratis. Dankbar für jenen Pensionschef, der mich, angesichts meiner schlimmen Füße, wie selbstverständlich kilometerweit zum nächsten Bahnhof fuhr, ab welchem ich zur Gesundung der Gehwerkzeuge wieder nach Hause zurückkehren konnte.
Dankbarkeit, jeden Abend – auch wenn es manchmal knapp war – eine Unterkunft gefunden zu haben.
Spannend die zwei Tage im vietnamesischen Männerkloster in Orsonnens. Asien – inmitten der Schweiz! Gute Gespräche, Annäherung an eine andere Kultur, mitten im eigenen Land.

Erstaunen in Frankreich: Die Ausschilderung des Jakobsweges ist ja viel besser als in der Schweiz. Ich verlief mich praktisch nie, fand ohne Karten meinen Weg. Insgesamt ohnehin eine positive Überraschung bezüglich dieses Landes, welches ich eigentlich innerlich immer auf Distanz hielt – herrliche Natur, freundliche Menschen. Langsam verstand ich, dass es das Touristenland Nr. 1 ist. Beeindruckend die Tatsache, als erster Pilger in der neuen Aufnahmestation der Familie Brusset in Valenogne aufgenommen zu werden. Beeindruckt von der trotz großer eigener Not gezeigten Gastfreundschaft. Das ist christliche Nächstenliebe! Das ist göttliches Dennoch!
Oftmals gelangte ich untertags an meine körperlichen Grenzen, blieb einfach total erschöpft auf den Feldwegen liegen und schlummerte ein. Einmal wurde ich sanft mit den Worten aufgeweckt: „Bitte bewegen Sie sich nicht, gleich kommen Pferde vorbei und die könnten scheuen."
Einzigartig das Übernachten in der Mongolenjurte von Rieutort d'Aubrac: Erneut holt mich Asisatisches ein. Auch wenn kein Schritt schmerzfrei war in diesen Tagen, so erinnere ich mich an lauschige Orte, Hochebenen und Plätze – beispielsweise Conques. Mir gefallen die kleinen Kapellen am Weg. Ich bin immer wieder froh, aus den größeren Ortschaften herauszusein, und spüre ein weiteres Mal: Ich bin der dörfliche Typ, suche nicht die Masse, liebe das Dünnbesiedelte. Lieber weniger Kontakte, dafür aber gute, tiefe.
Das Muschelzeichen als Wegweiser wird mir innerlich vertraut. Ich freue mich, es zu sehen. Es weist mir treu den Weg.
Werde ich den Weg beenden? Ja, ich bin weiterhin fest davon überzeugt. Ich möchte den Camino bis zum Ende ausschöpfen. Ich spüre Sehnsucht nach jener in der Landschaft verlorenen Einsamkeit. Ich freue mich in Gedanken wieder an jene Tage, wo ich laut mit Gott über alles sprach, wo ich einfache Taizélieder intonierte und mir selber und dem Text lauschte. Wo ich das Vaterunser mit Verstand, nachsinnend, und nicht automatisch repetierte. Ich freue mich auf die weiten Ebenen, den blauen Himmel, das Braun der Landschaft. Ich freue mich aufs gewisse Kribbeln: Wo werde ich heute übernachten? Ich freue mich an und auf Gott.

Wann wird es sein? Ich weiß es noch nicht, weil ich zwischenzeitlich noch mit einem Studium begonnen habe, das mich abhält. Ich werde im Übrigen regelmäßig auf ‚meinen' Weg angesprochen. Viele suchen die Motivation zu ergründen. Die meisten vermuten eine Krise. Und ich muss sie enttäuschen: Nein, das war es nicht. Mir war und ist bewusst, dass man Krisen nicht abwandern kann. Man nimmt sich ohnehin immer mit. Es war Neugierde, Herausforderung, Abenteuer, es war nicht zu Ende gedacht, wenig strukturiert und vorbereitet. Weil das oft auch einzwängt. Es war gewissermaßen ein Wandern aufs Geratewohl hin. Und es war wunderschön. Und wiederholenswert!

Loslassen

Heute gehe ich den Weg längst nicht mehr, um Sicherheit und Vertrauen im Leben zu spüren. Es ist vielmehr so, dass ich mir manchmal schwer damit tue, Veränderungen zuzulassen. Meist möchte ich am Bewährten festhalten, auch wenn ich mich nicht 100%ig wohl damit fühle. Deswegen brauche ich auch deutliche Zeichen, um von mir aus eine Veränderung anzustreben. Ich begrenze mich dadurch selber. Manchmal traue ich mir einfach nicht, loszulassen. Auf dem Pilgerweg übe ich mich jeden Tag aufs Neue darin, mich an die Gegebenheiten des Weges anzupassen, flexibel zu sein. Wenn der Weg nicht mehr begehbar ist, muss ich mir andere Möglichkeiten suchen; wenn das angepeilte Ziel nicht möglich ist, lerne ich auch mit dem neuen erreichten Ziel zufrieden zu sein. Inzwischen kann ich das Gehen mehr genießen, da es nicht mehr vordergründig wichtig ist, an einem bestimmten Ort anzukommen. Ich komme ja irgendwo an, jeden Tag aufs Neue.

Ich habe der nun folgenden Geschichte von Max und seiner Genesung absichtlich viel Raum gegeben.
Max litt viele Jahre an Depressionen und hat sich ganz spontan einem Freund angeschlossen, der auf dem Jakobusweg pilgern wollte. Nun hat er mir für dieses Buchprojekt großzügigerweise sein ganzes Tagebuch überlassen. Er hatte es nach seiner Pilgerreise extra für dieses Buch zu Papier gebracht. Seine Offenheit mir gegenüber empfinde ich als eine große Ehre. Ich bedaure es sehr, ihn bislang leider noch nicht persönlich kennen gelernt zu haben. Sein Vertrauen in mich, seine unkomplizierte ehrliche Darstellung haben mich sehr berührt.
Während meiner ehrenamtlichen Tätigkeit in einem sozialpsychiatrischen Dienst, in dem ich psychisch kranke Menschen betreue, höre ich immer wieder von Betroffenen und Mitarbeitern des Teams, dass es teilweise noch immer schwierig ist, die Anerkennung der psychischen Krankheiten in der Gesellschaft durchzusetzen, u. a. weil die Patienten meist keine äußerlich sichtbaren Blessuren aufweisen. Vielleicht kann die Geschichte von Max dazu beitragen, uns alle noch mehr dafür zu sensibilisieren, was den Umgang mit den Erkrankten und deren Angehörigen betrifft.
Trotzdem möchte ich – auch im Sinne von Max – ganz deutlich hervorheben, dass seine Geschichte natürlich nicht ohne Weiteres auf andere Menschen mit dem gleichen oder ähnlichen Leiden übertragbar ist. Die vorherige Absprache mit dem Arzt und der Familie sowie eine sinnvolle Vorbereitung sind absolut notwendig!
Max schrieb vorab: „Es war ein Weg mit vielen Brüchen und ich würde ihn darum auch niemanden empfehlen. So war ich doch mehre Male dem ‚Verzweifeln' sehr nahe. Habe damit auch meine direkte Umgebung, aber auch die Zurückgebliebenen, z. B. meine Familie, wie auch meine Betreuungspersonen in der Klinik, aber auch meinen Freund David sehr belastet. Es war wirklich ein schmaler Grat, auf dem ich mich über Wochen bewegt habe. Ob der Jakobsweg in dieser Situation das Richtige ist, möchte ich für andere Personen in der gleichen Situation nicht verantworten müssen."

Nun zu seiner Geschichte:

Jakobsweg … wie ich laufen – „leben“ – lernte

Max B.

Ich habe mich am 16.03.2006 in die psychiatrische Klinik einliefern lassen, nachdem ich schon über mehrere Monate an Depressionen litt. Ich war aus diesem Grund schon seit fünf Jahren in ambulanter Behandlung. Es begann, als meine Partnerin Franziska schwanger wurde. Was normalerweise Freude auslöst, wurde für mich und so auch für mein Umfeld zu einer schlimmen Erfahrung.

Ich tat mich schwer bei der Vorstellung, nun die Verantwortung für die nächsten zwanzig Jahre tragen zu müssen. Ich ging während der Schwangerschaft für kurze Zeit in ein Kloster, um zur Ruhe zu kommen, doch gelungen ist es mir nicht. Mit der Geburt verbesserte sich mein Zustand etwas, doch so ganz ließ mich die Depression nicht mehr los. Als dann unser Sohn zwei Jahre alt war, wurden meine Depressionen wieder sehr akut, und so versuchte ich mich mal für zwei Monate als Alphirt.

Das tat mir zwar sehr gut, doch zurück im Alltag waren meine alten Probleme und auch die Depressionen wieder da. Dieser häufig wiederkehrende Zustand belastete unsere Beziehung immer mehr. Meine Partnerin, welche lange zu mir gehalten hatte, entfernte sich immer mehr von mir. Es war sehr schwierig, mit mir in Kontakt zu treten. Am 16. März 2006 eröffnete sie mir dann, dass sie sich von mir trennen werde, ja, dass sie auch Gefühle für einen anderen Mann hatte.

Das brachte nun das Fass zum Überlaufen; ich sah keinen Ausweg mehr. In Absprache mit meinem Arzt ließ ich mich noch am gleichen Tag in eine psychiatrische Klinik einweisen. Nach etwa zwei Monaten ohne sichtbaren Erfolg (ich zog mich auch in der Klinik total zurück, ließ keine Hilfe zu) rief mich David an. David ist Künstler, und ich vermiete ihm ein Kunst-Atelier. Er wolle sich nach mir erkundigen und sich dann verabschieden. Er hatte

das Ziel, den Jakobsweg ab Saint-Jean-Pied-de-Port bis Santiago unter seine Füße zu nehmen. Ganz spontan und ohne jegliche Vorkenntnisse über den Jakobsweg fragte ich ihn, ob er mich mitnehmen würde? „Ja, selbstverständlich", war seine Antwort.
Ich brauchte aber noch die Einwilligung der Klinik, und so besprach ich mich mit meinen Ärzten und Bezugspersonen. Meinem Anliegen stand man teilweise mit Vorbehalten gegenüber. Nicht so mein direkt behandelnder Arzt. Er ermutigte mich sogar im Sinne: Wenn es meinem inneren Wunsch entspricht, soll ich dieser Spur nun nachgehen. Zurück kommen könne ich ja jederzeit wieder.
Vollgepackt mit Antidepressiva entließ man mich aus der Klinik, und bereits eine Woche nach dem Telefonanruf war ich mit David unterwegs Richtung Pyrenäenpass. Total unvorbereitet schaffte ich am ersten Tag gerade mal acht Kilometer. Was auch nicht verwunderlich war, da ich die letzten zwei Monate mehrheitlich im Bett verbracht und auch noch einige Kilogramm abgenommen hatte.
Es wurde mir und meinem Begleiter dann schnell klar: Die Depressionen kann man nicht so einfach zu Hause lassen. Das wusste ich eigentlich schon vorher, aber in meinem Zustand setzt man in jeden noch so winzigen Strohhalm große Hoffnung auf Besserung. Mein Begleiter nahm so ungewollt Anteil an meiner Krankheit. David war hin und her gerissen, von Hilfeanbieten und Sich-nicht-mitreißen-lassen-Wollen in die Abgründe einer Depression. Nach sechs gemeinsamen Tagen hielt es David nicht mehr aus. In Los Arcos trennten sich unsere Wege. Von da an ging ich den Jakobsweg mit meiner Depression und meinen chronischen Achillessehnenbeschwerden mehr oder weniger allein. Zwei Tage zuvor in Cizur Menor besorgte ich mir einen Reiseführer. David half mir meinen Rucksack zu entrümpeln, welcher anfänglich ganze sechzehn Kilogramm wog.
Es war irgendwie bezeichnend für meine damalige Situation, trug ich doch viel zu viel Ballast mit mir herum. Es sollte nicht die einzige wichtige Erkenntnis sein, welche mir der Jakobsweg vor Augen führte.

Freitag, 03.06.06, Estella – Los Arcos

Nachdem David und ich schon den ganzen Tag getrennt gelaufen sind, rechnete ich fest damit, dass wir uns heute nicht mehr sehen werden. Ziemlich müde und mit Blasen an den Füßen erreichte ich Los Arcos.

In einem Restaurant traf ich dann David beim Mittagessen. Zuvor hatte ich meinen Rucksack bereits in der ersten Herberge deponiert, denn für mich war klar, dass ich heute nicht mehr weitergehe. David war fest entschlossen, noch bis nach Torres del Rio zu pilgern. Ich spürte auch, dass David sich von mir befreien wollte. Ich konnte das auch verstehen.

So ging ich zurück in die Herberge und bezog mein Bett. Ich konnte mir auch vorstellen, einfach hier zu bleiben, ein Gedanke, der mich während des ganzen Jakobswegs begleitete: „Nur nicht weitergehen! Einfach stehenbleiben und endlich ausruhen."

Im Gegensatz dazu war die Zeit, in der ich am Laufen war noch die beste – die am besten erträglichste Zeit. Eine wichtige Erkenntnis: Einfach zu laufen, vorwärts zu gehen, unterwegs zu sein. Doch wer sich mit Depressionen auskennt, weiß, wovon ich spreche. Es ist ein innerer Kampf mit dieser andauernden Zerrissenheit; zu wissen, was man tun sollte, es aber einfach nicht tun kann. Und genau dieses Hin und Her ist der Nährboden für neue Schuldgefühle.

Immer mit dem Gefühl zu leben, genau die andere Handlung wäre nun richtig gewesen. Ein Teufelskreis, in dem man sich befindet. Und der Berg wird so immer größer. So fühlt sie sich an, eine Depression. Und sie sollte mich den ganzen Jakobsweg begleiten. Ein ständiges Auf und Ab. Auf der einen Seite, der Wunsch einfach stehenzubleiben, endlich zur Ruhe zu kommen und auf der anderen Seite der tägliche Kampf, trotzdem aufzustehen und weiterzugehen.

Samstag, 04.06.06, Los Arcos

Und so schaffte ich es bereits am anderen Tag nicht aufzustehen. Der „Hospitaliero" war eine Frau aus Österreich. Sie hatte zunächst Verständnis und empfahl mir dann, möglichst schnell

nach Hause zurückzukehren. Später holte sie einen Spanier, und mit seiner Hilfe stellten sie mich einfach vor die Tür.
Es war für mich heute einfach unmöglich, weiter zu pilgern. Ich ging bis zu einer zweiten Herberge in Los Arcos, es sollte die einer flämischen Jakobsvereinigung sein, am anderen Ende des Ortes. Hier legte ich mich nun hin, bis diese dann öffnete.
Gegen Abend, als dann immer mehr Pilger eintrafen, überkam mich dann wieder die mir bekannte Angst vor all den Begegnungen mit anderen Pilgern; vor allem von Pilgern, die ich schon einmal getroffen habe.
Trotz allem kam es noch zu einem unverhofft kurzen aber guten Augenblick. Eine junge Frau lächelte mich an, als wir uns das erste Mal sahen. Dieses kurze Lächeln hatte für mich eine große Wirkung. Sofort war mir klar, dass ich es morgen schaffen werde, aufzustehen und weiter zu gehen. Sicher war es ganz einfach auch mit der Hoffnung verbunden, diese Frau wieder zu sehen.
Außerdem war es im Allgemeinen so, dass es mir abends immer um einiges besser ging als morgens. Morgens aufzuwachen mit dem Wissen, dass der ganze Tag noch vor einem liegt und man nicht recht weiß, wie man ihn bewältigen soll, ist auch Teil einer Depression.

Sonntag, 05.06.06, Los Arcos – Viana
Die vorabendliche Motivation hielt sich mindestens so gut, dass ich es schaffte, aufzustehen. Die Hoffnung, die Frau am Morgen in der Herberge nochmals zu sehen, erfüllte sich leider nicht. Sie hat mir aber sicher mitgeholfen, einen nächsten Schritt zu tun. Nach ungefähr einer Stunde holte sie mich dann ein und bot mir den einen ihrer beiden Stöcken an. Ihre Augen lächelten, und ich konnte nicht Nein sagen. Es war der Beginn einer kurzen gemeinsamen Zeit auf dem Jakobsweg mit Sophie aus Ungarn. Ich hatte ganz einfach das Glück, zum richtigen Zeitpunkt am richtigen Ort zu sein …
Wichtig erscheinen mir die Erkenntnisse daraus: Immer wieder „Schritte zu tun“, „vorwärts zu gehen“, „sich zu bewegen“, aber auch „annehmen zu können“, ohne „Wenn und Aber“! Das An-

nehmen eines Lächelns und das Annehmen eines Stockes waren für mich wichtige und entscheidende Schritte auf meinem Jakobsweg. Schon so viel sei dazu vorhergesagt: Obwohl wir uns nach einigen gemeinsamen Tagen leider wieder trennen mussten, der Stock von Sophie hat mich dann bis nach Santiago begleitet und war für mich eine wichtige Stütze.

Ich war also froh, wieder unterwegs zu sein. Gemeinsam erreichten Sophie und ich den kleinen Ort Torres del Rio. Wir machten eine kurze Pause und verpflegten uns in einer Herberge. Wir sprachen nicht viel. Sophie muss in irgendeiner Form meine Not gespürt haben. Anders konnte ich es mir einfach nicht erklären, warum gerade sie mir ihren Stock anbot und sich meinem Tempo anpasste.

Ziemlich geschafft und müde erreichten wir an diesem Sonntag Viana. Der Platz vor der Kirche war voller Leben, und es spielte sogar eine Musik. Zuerst gingen wir in eine Bar an dem belebten Platz. Anschließend suchten wir die Herberge und erhielten unsere Betten zugeteilt.

Die Platzverhältnisse waren ziemlich eng, man schlief sogar zu dritt übereinander. Unter mir war ein Österreicher und über mir schlief Sophie. Schlafen konnte ich nicht. Ich blieb wach, so wie die ganze Zeit auf dem Jakobsweg, körperlich zwar erschöpft, doch der Kopf war hellwach. Immer wieder dieses unaufhörliche „Gedankenkreisen". Ein elender Zustand, den ich bereits zu Genüge kannte. Ich hatte große Hoffnungen in den Jakobusweg gesteckt, durch die körperlichen Anstrengungen endlich aus diesem Teufelskreis ausbrechen zu können.

Die Erfahrung aus der Klinik zeigte mir, dass dies mit Medikamenten für mich nicht möglich ist. Trotzdem, die mir verschriebenen Medikamente nahm ich täglich ein. Morgens, abends und vor dem Zu-Bett-Gehen, am Tag je nach Notwendigkeit ein weiteres Medikament, das mir etwas half, die Angst vor all den Begegnungen mit den anderen Pilgern zu nehmen. Meist nahm ich es gleich beim Eintreffen in der Herberge. Ich fühlte mich diesbezüglich gegenüber meinen Ärzten auch verpflichtet, und vor allem spürte ich es selbst, dass es ohne noch nicht geht.

Aber viele PilgerInnen gingen mir ohnehin aus dem Weg. Ja, sie machten wirklich einen Bogen um mich herum. Dies ist zwar eine subjektive Einschätzung aus meiner damaligen Sicht, aber ich bin mir sicher, es war so. Die Depression war sichtbar, sie drückte sich aus in meiner Körperhaltung, in meinem Blick, in meinen Augen. Ich selbst war es, der die Distanz zu meinen Mitmenschen suchte.
Mein damals 5-jähriger Sohn war der beste Beweis für diese Einschätzung. In der Zeit, als es mir ziemlich „mies“ ging, traute er sich nicht mehr in meine Nähe. Er wollte mir auch nicht in die Augen sehen und zog sich sogar die Mütze ins Gesicht. Kinder haben noch, so glaube ich, einen natürlichen Instinkt. So eine Art von Schutzmechanismus. Elias tat mir Leid und ich fühlte mich sehr schlecht. Daraus entstanden zusätzliche Schuldgefühle. Das Schöne ist, und diese Erfahrung durfte ich machen, Kinder in diesem Alter sind absolut nicht nachtragend. Von dem Moment an, wo es mir wieder gut ging, die Depression weg war, kam Elias sofort wieder auf mich zu, ohne zu zögern. Ohne „Wenn und Aber“! Eine wunderbare und beeindruckende Erfahrung.
Nun bin ich etwas vom Jakobsweg abgekommen ... Ja, diese Schlaflosigkeit über eine so lange Zeit, die man irgendwie „überlebt“, zeigt doch, wie viel Energie in jedem von uns steckt. Gut, das zu wissen und alles dran zu setzen, diese fast unerschöpfliche Energie in die richtigen Bahnen zu lenken. Wie ich es geschafft habe all die langen Nächte wach durchzustehen, berichte ich etwas später. Ich musste es ja auch selbst erst einmal herausfinden.

Montag, 06.06.06, Viana – Navarrete
Am anderen Morgen traf ich Sophie im Aufenthaltsraum. Sie war bereits im Gespräch mit anderen Pilgern aus Ungarn. Wir hatten uns seit dem Eintreffen in der Herberge etwas aus den Augen verloren. Jeder erledigte so seine für ihn notwendigen Dinge. Wir haben uns auch nicht abgesprochen, wie es weitergehen sollte. Doch zwischen Sophie und mir war absolut keine Distanz spürbar, und so getraute ich mir, sie zu fragen, was sie heute vorhatte. Ich war sehr froh über ihre Antwort. Und so machten wir uns

also wieder gemeinsam auf den Weg. Vorerst ging es Richtung Logrono. Kurz zuvor erwartete uns Dona Felisa. Ohne bestimmten Auftrag führt sie Buch über jeden Pilger, der ihr über den Weg läuft. Wer den Ort kennt, weiß, dass man daran kaum vorbeikommt, ohne sich in ihr Buch eintragen zu lassen. Ich lud Sophie bei dieser Gelegenheit zu einem Getränk und einem „Bocadillo“ ein. Ein ehrliches Dankeschön für den ausgeliehenen Stock und ihre Begleitung.
Heute hatten wir uns bereits etwas mehr zu erzählen. Ich erfuhr von ihrem Freund in Ungarn, der sich im Anschluss an Sophies Pilgerreise ebenfalls auf den Jakobsweg machen wollte. Warum sie dies nicht gemeinsam taten, habe ich nicht erfahren. Ich erzählte ihr von meinem Sohn und ein wenig von meiner Situation, in der ich drinsteckte, aber allzu viel mochte ich ihr nicht erzählen. Ich wollte sie nicht damit belasten.
Nachdem mich David verlassen hatte, war ich einfach wieder froh, jemanden an meiner Seite zu haben. Ich begann mich schnell wieder etwas ‚anzulehnen‘ in einer Form, welche sich darin zeigte, dass ich bereits kleinste Entscheidungen Sophie überließ. So griff ich z. B. erst dann zum Fotoapparat, wenn sie es auch tat. Oder, als in meinem Natel eine SMS ertönte, kontrollierte ich diese erst dann, wenn Sophie es auch tat.
Ich möchte damit ausdrücken, wie unsicher und völlig ohne Selbstvertrauen ich zu diesem Zeitpunkt war und wie sehr mich diese innere Zerrissenheit beherrschte. Auf der einen Seite war die Angst vor all den Begegnungen und dann wieder diese vermeintliche Abhängigkeit, jemanden zu haben, auf den man sich abstützen kann ... jemanden zur Seite zu haben, der die Entscheidungen trifft.
Sophie erzählte mir auch von ihrem Rückflug, den sie bereits fest gebucht hatte. Sie wusste, dass sie es zeitlich nicht schaffen würde, die ganze Strecke zu Fuß zu gehen. Deswegen wollte sie ein längeres Stück per Bus zurücklegen und den Schlussteil wieder zu Fuß pilgern – eventuell sogar noch bis Finisterre.
Ich wusste nun, dass wir uns vielleicht schon bald wieder trennen müssen. Das Gefühl, verlassen zu werden, kenne ich nur allzugut.

Mir fiel auch auf, dass ich, im Gegensatz zu ihrer genauen Planung, überhaupt keine festen Ziele hatte. Den Gedanken, zu einem bestimmten Termin die Rückreise antreten zu müssen/sollen, verdrängte ich total. Schon allein der Gedanke, irgendwann zurückzukehren, versetzte mich in große Angst. Verbunden damit war der immer wiederkehrende Wunsch, einfach stehenzubleiben und endlich zur Ruhe zu kommen.

Trotzdem erreichten wir heute gemeinsam Navarrete. Das tägliche Ritual wiederholte sich. Diese minimale, aber doch zwingende Tagesstruktur, welche der Jakobsweg einem abforderte, war eine Stütze. Nur Hunger und Durst bewegen Dich. Und all die anderen kleinen und größeren Dinge, welche zu tun sind, um am anderen Tag wieder bereit zu sein.

Später traf ich Sophie auf dem Dorfplatz wieder. Sie saß bereits mit zwei jungen Männern beim Nachtessen. Sophie stellte mir die beiden Männer vor. Es waren ebenfalls Schweizer aus dem Tessin. Ich setzte mich dazu und bestellte mir dann auch etwas zu essen. Etwas später verließ uns Sophie bereits wieder. Sie wollte noch die schöne Aussicht genießen, welche man vom höchsten Punkt des Ortes hatte. So steht es im Reiseführer. Ich beneidete Sophie ein wenig um ihre Neugier und Offenheit. Aber auch um das, was sie sich gönnte. Doch vor allem aber war ich froh über ihre Nähe, ihre Art mich anzunehmen und ein Stück zu begleiten.

Dienstag, 07.06.06, Navarrete – Azofra

Eine weitere schlaflose Nacht lag hinter mir. Gemeinsam machten wir uns am Morgen wieder auf den Jakobsweg. In Santo Domingo la Calzada machten wir eine Pause. Es war heiß, und wir waren beide bereits ziemlich geschafft. Außerdem plagten mich auch die Schmerzen an der linken Achillessehne. Jeden Morgen, so die ersten zwei bis drei Kilometer, machten sie sich bemerkbar, dann waren sie plötzlich wie weggeblasen. Aber nach ca. fünfzehn bis zwanzig Kilometern kamen die Schmerzen wieder und verhinderten längere Tagesetappen.

Heute wollten wir bis nach Azofra gehen, denn der Reiseführer versprach uns eine neue und schöne Herberge mit Zwei-Bett-

Zimmern. Das wollten wir uns nicht entgehen lassen. Die Zwei-Bett-Zimmer waren dann winzig klein. Vielmehr als ein großer Schrank war es nicht, in den man hineinging. Auf der linken und rechten Seite standen je ein schmales Bett. Genau richtig im Sinne einer Pilgerreise, finde ich. Sophie traf wieder auf die Pilger aus Ungarn. Ich wusch zuerst meine Kleider und hängte sie im Garten in die Sonne. Dabei traf ich wieder auf den Österreicher, welcher in Viana unter mir geschlafen hatte. Er war mit seiner Partnerin auf dem Jakobsweg. Sie hatte mich bereits in den Tagen zuvor etwas beobachtet und sprach mich sehr direkt an: „Was ist mit Dir los?“
Zwar stellte sich heraus, dass sie als Krankenschwester arbeitet und so einen gewissen Bezug hatte, aber mir bestätigte dies nur, was ich schon längst wusste, meine Depression ist sichtbar!
Ich erzählte ihr unter anderem auch von den Medikamenten, welche ich bei mir hatte. Sie gab mir dann noch einige Ratschläge. So zum Beispiel solle ich ab sofort auf die Medikamente verzichten. Ich solle auch einen Abbruch der Reise ins Auge fassen und könne den Jakobsweg ja zu einem späteren Zeitpunkt noch nachholen. Am nächsten Morgen verzichtete ich dann tatsächlich auf meine Arznei.

Mittwoch, 08.06.06, Azofra – Grañón
Das Aufstehen fiel mir sehr schwer. Der Platz zwischen den Betten war eng. Ein gleichzeitiges Aufstehen war schlicht unmöglich. Doch das war nicht der wahre Grund, warum ich noch liegenblieb, als Sophie sich für den neuen Tag bereitmachte. Ich quälte mich mit dem Gedanken, hier und heute einfach liegenzubleiben. Dieses Hin- und Herwälzen von Gedanken und Möglichkeiten raubte mir immer wieder viel Energie. Das ständige Hinterfragen und Abwägen lähmte zusätzlich.
Vielleicht hatte es Sophie gespürt, wie schwer ich mich damit tat, aufzustehen. Ich weiß es nicht. Auf jeden Fall sagte sie zu mir, dass sie auf mich warten würde. Sophie wartete auch dann noch, als ich mir in einer kleinen Bar ein Frühstück bestellte. Sie selbst

hatte sich bereits zuvor in der Herberge verpflegt und wäre längst bereit gewesen.
Es wurde unser letzter gemeinsamer Tag auf dem Jakobsweg. Sonst ist mir nicht viel geblieben von der heutigen Wegstrecke. Ich wusste zu diesem Zeitpunkt natürlich noch nicht, dass dies unser letzter gemeinsamer Tag sein sollte. Ich bin mir auch nicht sicher, ob ich das einzige Foto, welches ich von Sophie habe, an diesem Tag gemacht habe. Ist ja auch nicht so wichtig. An den Ort hingegen kann ich mich noch ganz genau erinnern. Wir machten eine längere Pause an einem schönen Plätzchen. Wir zogen unsere Schuhe und Socken aus und ruhten uns im Schatten eines Baumes aus, direkt an einem kleinen Bach.
Ich erinnere mich auch noch an die Begegnung mit den beiden Holländern (Vater und Sohn), welche zusammen mit ihren Pferden auf dem Jakobsweg waren. Die Pferde standen halb im Wasser und hatten großen Durst. Wieder war es sehr heiß.
Gemeinsam erreichten wir die Herberge von Grañón. Aufgeheizt von der Sonne, war das Treppenhaus geradezu angenehm kühl. Vom grellen Tageslicht geblendet, erschien es dafür dunkel, und so tasteten wir uns an den Wänden entlang in den ersten Stock. Die Herberge hier ist zugleich das Pfarrhaus. Im ersten Stock gab es einen Raum, der vollflächig mit dünnen Matten belegt war. Es musste der Schlafraum sein. Gleich eine Tür daneben wohnte die Haushälterin, die nur zu ihrem Zimmer kam, wenn sie über all die dünnen Matten stieg. Eine Etage höher befanden sich Küche und Essraum. Ganz oben gab es nochmals einige Schlafplätze, die bereits belegt waren.
Hier machte Sophie gleich Bekanntschaft mit einer Pilgergruppe aus Italien. Ich ruhte mich etwas aus und nahm mein Medikament. Etwas später stieg ich hinauf zum Kirchturm. Da traf ich Sophie im Gespräch mit einem der Italiener. Sie hatten sich viel zu erzählen. Wir hatten ja nicht viel gesprochen.
Dann kümmerte ich mich um meine Wäsche. Später setzte ich mich vor der Herberge auf eine Bank im Schatten. Eine ältere Frau kam auf mich zu und fragte mich: „Geht es Dir nicht gut? Man sieht es Dir an!“ Sie erzählte mir dann etwas über ihr Le-

ben. Sie war ursprünglich aus Irland und lebte seit Längerem in Deutschland. Sie verriet mir auch noch ihr Alter, und ich war sehr beeindruckt.
Vor dem Abendessen ging ich zur Pilgermesse. Die ältere Frau hatte mich dazu ermuntert. Sophie hingegen verpasste die Messe, weil sie zusammen mit dem Italiener in eine Bar gegangen ist. Sie haben sich gleich sehr gut verstanden. Sie erzählte mir dann von ihren neuen Plänen. Zusammen mit der Pilgergruppe aus Italien werde sie morgen mit dem Bus bis nach Mansillas de la Mulas fahren. Von dort wolle sie dann wieder zu Fuß bis nach Santiago gehen. Ich weiß gar nicht mehr, wie sich das für mich anfühlte, als sie mir dies erzählte. Doch Mitfahren kam für mich auf keinen Fall in Frage. Es machte mir auch wieder klar, dass ich im Gegensatz zu Sophie kein klares Ziel hatte. Vielmehr war ich auf der Flucht, im besten Fall auf der Suche. Ja, ich sehnte mich nach Geborgenheit und Ruhe. Endlich wieder schlafen zu können. Ich suchte diese Geborgenheit überall bei Menschen wie Sophie, aber auch in Orten. Grañón war dafür ein ganz besonderer Ort. Aber da war ja noch die Angst vor all den Begegnungen mit der Nähe und den Verbindlichkeiten. Ich war voll von Widersprüchen, die kaum auszuhalten waren.
Nach dem gemeinsamen Kochen und Abendessen traf man sich dann nochmals in der Kirche zu den „Fürbitten". Ich bat dabei vor allem um Gottes Segen für meinen Sohn, und dass es mir gelingen möge, ihm irgendwann wieder ein guter Vater zu sein. Eine jüngere Frau, welcher ich dann später nochmals begegnen sollte, spielte auf der Gitarre ein Lied zum Mitsingen. Es war ein besserer Moment für mich!
Die ältere Frau beeindruckte mich dann gleich noch einmal. Unsere Schlafplätze lagen Fuß an Fuß. Vor dem zu Bett löste sie ihr Haarband und dann fielen ihr die blonden langen Haare bis über den Po. Es war ein so überraschender und schöner Anblick. Dieses Staunen löste im Nu meine innere Anspannung. Zwar nur für einen kurzen Moment, aber immerhin. Sophie und ich lagen direkt nebeneinander. Sie freute sich bereits auf den nächsten Tag. Sie hatte ja einiges vor. Wir wünschten uns eine gute Nacht und gaben uns noch einen Kuss. Grañón ist wirklich ein besonderer Ort.

Anette Goebel

Nach dem Jakobsweg

Geschichten vom und nach dem Pilgerweg

Projekte-Verlag
Cornelius GmbH

Donnerstag, 08.06.06, Grañón – Belorado

Am Morgen schrieb mir die Frau mit den langen blonden Haaren noch einen irischen Reisesegen auf drei kleine Papierzettel, und gab ihn mir mit auf den Weg. Der Abschied von Sophie war sehr herzlich.

Wir tauschten noch unsere Natel-Nummern aus. Und dann ganz zum Schluss gab sie mir noch ihren Stock mit. Ich glaube ohne diesen wäre einiges nicht mehr möglich gewesen für mich. Den Stock habe ich ihr dann wieder zurückgeschickt. Ich bin Sophie heute noch sehr dankbar dafür.

Um die Mittagszeit erreichte ich dann Belorado. Die erste Herberge im Ort hatte noch geschlossen. Ich war ziemlich müde, meine Ferse schmerzte, und so wartete ich, bis die Herberge öffnete. Es war eine sehr einfache Unterkunft, im ehemaligen Theater der Pfarrei direkt neben der Kirche, geführt von einer schweizerischen Jakobsgemeinschaft. Eine der beiden Hospitalieros war eine junge Lehrerin aus der Ostschweiz. Sie bot Fußmassagen „Donativo" (Spende) an. Man gibt dafür soviel, wie man hat. Während der Massage erzählte ich ihr dann von meinen Problemen mit der Achillessehne. Sie empfahl mir, hier einen Ruhetag einzulegen.

Irischer Reisesegen

Möge die Straße uns zusammenführen und der Wind in deinem Rücken sein; sanft falle Regen auf Deine Felder, und warm auf Dein Gesicht der Sonnenschein.

Und bis wir uns wieder sehen, halte Gott Dich fest in seiner Hand, und bis wir uns wieder sehen, halte Gott Dich fest in seiner Hand.

Führe die Straße, die Du gehst, immer nur zu Deinem Ziel bergab; hab', wenn es kühl wird, warme Gedanken und den vollen Mond in dunkler Nacht.

Und bis wir uns wieder sehen, halte Gott Dich fest in seiner Hand, und bis wir uns wieder sehen, halte Gott Dich fest in seiner Hand.

Hab' unterm Kopf ein weiches Kissen, habe Kleidung und das täglich Brot; sei über vierzig Jahre im Himmel, bevor der Teufel merkt: Du bist schon tot.

Und bis wir uns wieder sehen, halte Gott Dich fest in seiner Hand, und bis wir uns wieder sehen, halte Gott Dich fest in seiner Hand.

Bis wir uns mal wieder sehen, hoffe ich, dass Gott Dich nicht verlässt, er halte Dich in seinen Händen, doch drücke seine Faust Dich nicht zu fest.

Und bis wir uns wieder sehen, halte Gott Dich fest in seiner Hand, und bis wir uns wieder sehen, halte Gott Dich fest in seiner Hand.

Freitag, 09.06.06, Belorado
Heute konnte ich also liegen bleiben. Es wurde kein guter Tag. Der zweite Hospitalero, es war ein französisch sprechender Schweizer, begleitete mich ins „Center de Salud". Ich bekam entzündungshemmende Salben und Tabletten und das nötige Papier, damit der Ruhetag auch seine Berechtigung hatte. Ansonsten habe ich mich an diesem Tag ziemlich verkrochen.
Es war übrigens der Tag, an dem die Fußball-Weltmeisterschaft begann. Am Abend schaute ich mir zusammen mit anderen Pilgern in einem Restaurant am schönen Dorfplatz das Spiel Deutschland gegen Costa Rica an. Als Costa Rica der Ausgleich gelang, freute ich mich.
Dann rief ich bei meiner Schwester an. Es war der erste von vielen Telefonanrufen, die ich dann auf dem Jakobsweg noch machen würde. Danach machte sie sich verständlicherweise große Sorgen um mich. Wenn es möglich wäre, etwas aus meiner

Geschichte streichen zu können, dann wären es eben all diese wirklich schlimmen Telefonanrufe! Natürlich war ich verzweifelt. Doch gebracht haben sie wenig. Was blieb, war große Angst und Sorge um mich und verständlicherweise auch große Hilflosigkeit bei allen Betroffenen. Also nur viele schlechte Gefühle.

Samstag, 10.06.06, Belorado – San Juan de Ortega
(mit dem Taxi ins Spital nach Burgos)
Am diesem Morgen musste ich die Herberge also verlassen. Ähnlich wie in Los Arcos schaute ich mich bereits nach einer anderen Herberge im Ort um. Ich weiß nicht mehr, warum, aber anscheinend konnte ich mich entscheiden, weiterzugehen. Bald schon begann der mühsame Anstieg. Wie ich nun erst im Nachhinein im Reiseführer nachgelesen habe, handelte es sich um den Aufstieg nach Villafranca Montes de Oca und dann weiter über endlos anmutende Waldwege in Richtung San Juan de Ortega. Ich mag mich noch an die kleinen Erddämme beidseitig entlang des Waldweges (Schotterpiste) erinnern. Ich war nahe am Zusammenbrechen und legte mich an diesen kleinen Erddamm. Ich hörte die Geräusche der nahen Autostraße. Immer wieder erkundigten sich vorbeiziehende Pilger nach meinem Befinden. Ich machte ihnen weis, es gehe schon. Dann erkannte mich die junge Pilgerin aus Deutschland, welche in Grañón mit der Gitarre gespielt hatte. Sie erinnerte sich an meine „Fürbitte" und wusste also, dass es mir nicht gut geht. Sie blieb so lange bei mir, bis ich mich wieder aufrappelte. Sie gab mir einen ihrer zwei Stöcke. Nun hatte ich also zwei. Unterwegs erzählte sie mir dann von den Problemen mit ihren Füßen, und dass sie deswegen in Grañón einen Ruhetag eingelegt habe. Sie war übrigens eine junge Ärztin und riet mir, die Pilgerreise abzubrechen und zu meinem Sohn zurückzukehren. Er würde mich sicher noch brauchen. Sie begleitete mich bis nach San Juan de Ortega und bestellte dort ein Taxi für mich. In das Taxi stiegen dann noch zwei Frauen aus Brasilien mit ein, welche ebenfalls gesundheitliche Probleme hatten. Das Taxi brachte uns ins Krankenhaus nach Burgos. Nach dem Ausfüllen der Formulare untersuchte mich eine spanische Ärztin. Ich zeigte ihr

dann all meine Medikamente, die ich dabei hatte. Ich wollte ihr damit erklären, dass ich größere psychische Probleme habe. Sie wollte sich schon gar nicht darauf einlassen und öffnete mir unmissverständlich die Türe. Ich blieb einfach sitzen. Darauf hin verließ sie den Raum. Ich war sehr verwirrt ...
Ein Glück, dass ich mich den zwei Frauen aus Brasilien anschließen konnte. Sie schauten nach einem Bus, welcher uns in Richtung Herberge führen würde. Das letzte Stück mussten wir dann noch zu Fuß gehen.
Die Unterkünfte bestanden aus zwei riesigen Holzbaracken. Ich bekam ein Bett in der kleineren der beiden, in der die Schlafräume noch unterteilt waren. In einem Supermarkt kaufte ich mir endlich etwas zu Essen und Trinken. Später setzte ich mich dann vor der Herberge an den Tisch zu den Frauen aus Brasilien.

Sonntag, 11.06.06, Burgos
Aufgrund unseres Spitalbesuches vom Vortag erhielten die zwei Frauen aus Brasilien und ich die Möglichkeit, ein zweites Mal hier zu übernachten. Damit die Herberge gründlich gereinigt werden konnte, mussten wir unseren Schlafplatz jedoch räumen und uns dann am Nachmittag wieder neu einschreiben.
Den Tag verbrachte ich in der Altstadt und besuchte die bekannte Kathedrale. Dann erhielt ich in der größeren Holzbaracke ein Bett zugeteilt. Hier waren über hundert Leute in einem Raum untergebracht. Gegen Abend traf dann die junge deutsche Ärztin in der Herberge ein, welche mich bis San Juan de Ortega begleitet hatte. Sie hatte den Weg über Atapuerca nach Burgos zu Fuß zurückgelegt.
Ich versuchte ihr möglichst aus dem Weg zu gehen, weil ich ein schlechtes Gewissen hatte, da ich ihren Rat nicht befolgt hatte. Dabei hatte sie sich ja so sehr um mich bemüht und wollte doch nur das Beste.

Montag, 12.06.06, Burgos
Heute musste ich die Herberge in Burgos verlassen. Sowohl ein Weitergehen wie auch eine Rückkehr konnte ich mir nicht vorstel-

len. Die Angst vor all den Begegnungen wurde immer größer. Ich fühlte mich ständig beobachtet und war mir sicher, dass man über mich spricht. Man hatte ja so einiges mitbekommen in den vergangen Tagen. Ich sah nur die Möglichkeit in ein Hotel zu gehen, um mich diesem Druck entziehen zu können. Bezeichnenderweise bekam ich ein kleines Dachzimmer zugeteilt, mit einem kleinen Fenster und ohne Fernseher. Also blieb ich den ganzen Tag im Zimmer. Am Abend traute ich mich mal kurz aus dem Haus. In einer Bar lief das Fußballspiel Schweiz-Frankreich 0:0.

Dienstag, 13.06.06, Burgos
Wieder ein Tag im Bett. Einige Telefonanrufe, sonst nichts. Der Zimmerdienst machte sich Sorgen und brachte mir Suppe ans Bett. Langsam musste mir klar geworden sein, auf welch schmalen Grat ich mich bewegte. Nicht, dass ich aktive Suizidgedanken hatte, es war mehr der Wunsch, einfach einschlafen zu können ... und nicht mehr aufzuwachen. All die damit verbundenen Schuldgefühle brachten mich beinahe um den Verstand. Es fühlte sich an wie die Orientierung zu verlieren. Eine Art von Abdriften in das Verwirrtsein ... ja, gar das Gefühl, irr zu werden! Irgendwann an diesem 13. 06. 06 hatte ich mir dann vorgenommen, morgen weiterzugehen. Am Abend habe ich wieder gegessen. Die ganze Nacht versuchte ich meine Gedanken ans Weitergehen zu binden, als wäre es meine einzige und letzte Chance von dem Hier und Jetzt endlich wegzukommen.

Mittwoch, 14.06.06, Burgos – Tardajos
Ein Kaffee an der Hotelbar und dann bin ich los marschiert. Die zwei Tage im Bett haben mehr Energie verbraucht als alles andere auf dem Jakobsweg.
Ich schaffte an diesem Tag gerade mal neun Kilometer bis nach Tardajos. Doch effektiv waren es etwa fünf Kilometer mehr. Es zeigt, wie verwirrt ich in dieser Phase war. Denn ich lief die Strecke von Tardajos bis Rabé de las Calzadas zweimal. Als ich in Rabé de las Calzadas ankam, glaubte ich, dass die Herberge in Tardajos vielleicht doch der bessere Ort für mich wäre. Also lief

ich den Weg wieder zurück nach Tardajos, wo ich dann selbstverständlich das Gefühl hatte, genau am anderen Ort wäre es besser und erträglicher für mich gewesen. Tatsache war, ich fühlte mich überhaupt nirgends mehr wohl. Ich fühlte mich in meiner Haut nicht mehr wohl. Also konnte ich gehen, wohin ich wollte. Es änderte sich nichts an diesem Gefühl der verlorengegangenen Geborgenheit.
Und für den Weg nochmals bis nach Rabé de las Calzadas reichte mir schlicht die Kraft nicht mehr an diesem Tag. Denn auf dem Weg zurück nach Tardajos lag ich bereits über längere Zeit abseits des Weges. Ich rief Franziska an, weinte und schilderte ihr meine Situation. Natürlich hätte ich es besser nicht getan. Sie bat mich, zurückzukommen. Ich blieb dann an diesem Tag in Tardajos.

Donnerstag, 15.06.06, Tardajos – Hontanas
Langsam tauchte ich in eine neue Landschaft ein – die Mesetaebene breitete sich aus. Es gab kurze Momente der Entspannung. Diese Weite entsprach ganz meiner Gefühlslage … der Leere … einfach nur Weite und Leere; dagegen waren die zwei Nächte allein in einer Dachkammer in einem Hotel in Burgos ein reiner Alptraum … Ich war nun wirklich froh, wieder unterwegs zu sein. Wie ich im nach hinein feststellte lief ich nun über volle vierzehn Tage am Stück bis nach Ponferrada. Die beiden Tage im Hotel in Burgos taten ihre Wirkung. Zwar kamen zum Schluss noch schlimmere Einbrüche, aber aus dem Pilgerstrom klinkte ich mich nicht mehr aus. Ich „genoss“ die Nächte in den Herbergen
Zum ersten Mal war ich so richtig allein auf dem Jakobsweg. Dieses Alleinsein deckte schonungslos auf, was David mir schon längst gesagt hatte: „Du sorgst schlecht für Dich!“
So vergaß ich einmal mehr, mich mit dem Nötigsten an Proviant einzudecken. Bisher wurde diese Tatsache immer wieder durch meine Begleitung und der Möglichkeit, unterwegs noch was zu kaufen, aufgefangen. David hatte meist Nüsse und Früchte dabei, und Sophie Schokolade und natürlich Getränke. In der Meseta wurde ich mir dieser Sorglosigkeit bewusst. Ich hatte Hunger und Durst, doch weit und breit war kein Dorf zu sehen. Honta-

nas liegt zwar inmitten dieser Ebene, aber windgeschützt in einer Geländemulde und ist erst im allerletzten Moment zu sehen.
Plötzlich war ich da. Es war wirklich Zeit, wieder einmal etwas zu trinken und zu essen. In der privaten Herberge rechts unmittelbar gegenüber der Kirche bestellte ich mir zuerst ein oder zwei Bier und ein Bocadillo. Erst dann schrieb ich mich ein und brachte den Rucksack in den ersten Stock. Ich suchte mir ein freies Bett. Ziemlich luxuriös. Meine tägliche Wäsche erledigte für dieses Mal eine Waschmaschine.
An diesem Abend hatte ich Hunger und Appetit. Das Menue Pelegrino war mit Fisch. Es wird mir erst jetzt wieder bewusst, wie wenig ich mich an die Mahlzeiten erinnern kann. Ja, ich erinnere mich, in Roncesvalles gab es auch Fisch (Forelle). Ansonsten ist mir nicht viel geblieben von den Mahlzeiten. Bestimmt, weil ich es einfach nicht genießen konnte, wie so vieles damals. Schade, wirklich schade. Es ist so, dass man das Schöne zwar sieht, aber es geht einfach nicht unter die Haut. Es gibt keine Freude.
Gemeinsam schauten wir dann noch ein Fußballspiel. Manchmal gelang es mir dabei, mich von dem Druck etwas zu befreien. Ein Minimum von gefühlten Emotionen war da, manchmal bei einem erzielten Tor.

Freitag, 16.06.06, Hontanas – Itero del Castillo
Es regnete. Über den gesamten Jakobsweg brauchte ich den Regenschutz nur zweimal. Das zweite Mal auf dem Cebreiro, aber nur kurz. Das Wetter meinte es wirklich sehr gut mit mir. Am Morgen zuerst noch einen Kaffee an der Bar. Eine Gruppe junger Pilger kam herein. Sie wären in der Nacht gelaufen, im Regen und wollten sich nun tagsüber etwas ausruhen. Dabei waren auch zwei junge Frauen aus Basel. Ihr Dialekt war unüberhörbar. Diesen beiden Frauen würde ich dann später immer wieder begegnen und ganz am Schluss waren sie mir noch eine große Hilfe.
Ungefähr in diesen Tagen erreichte mich die erste SMS von Sophie. Sie wäre inzwischen bereits in Ponferrada und viele Grüße von David! Sie sind im Gespräch zufällig darauf gestoßen, dass sie beide einen Max aus der Schweiz kennen. So ein Zufall!

Am Straßenrand sah ich einen Hasen; er rührte sich nicht von der Stelle. Als ich dann direkt neben ihm stand, ließ er sich sogar noch fotografieren.
In Castrojeriz suchte ich einen Bancomat, doch es fehlte mir die Geduld, lange zu suchen. Also ging ich weiter. Es folgte ein langer Aufstieg, den ich schon aus der Ferne erahnte. Die vielen kleinen Punkte, die sich langsam bewegten, mussten wohl Pilger sein. Oben angekommen dann wieder diese riesige Weite. Nach einigen Pausen erreichte ich Itero del Castillo. Im ersten Haus bestellte ich mir ein Bier. Es war zugleich eine private Herberge. Hier blieb ich. Am Abend regnete es dann nochmals kräftig. Ein Pilger aus Belgien kam dann völlig durchnässt in der Herberge an und bekam ein Bett im gleichen Zimmer. Er hängte all seine Kleider in unserem Zimmer zum Trocknen auf.
Fast die ganze Nacht lief sein Tonbandgerät mit „islamischer" Musik, ich weiß es nicht genau, es war so eine Art Sprechgesang. Diese wurden immer unerträglicher und machten mir auch Angst. Es gab also noch andere Ängste. Irgendwann stellte er dann endlich doch ab.

Samstag, 17.07.06, Itero del Castillo – Fromista
Am nächsten Morgen verließ ich ziemlich schnell das Zimmer, nachdem das Tonbandgerät wieder eingeschaltet wurde. An der frischen Luft machten sich die aufgestauten Emotionen frei. Die Tränen flossen mir übers ganze Gesicht. Muss mir das auch noch passieren?
Gleich um die Ecke kam ich an der Herberge „Municipal" vorbei. Ein Pilger trat auf die Straße. Ein Spanier. Er fragte mich: „Que pasa?" Ich antwortete ihm, dass ich traurig bin, „muy triste". Er begleitete mich. Außerhalb des Ortes überquerten wir die Hauptstraße nach Palencia. Es gäbe hier etwa alle Stunden einen Bus nach Palencia. Von dort könnte ich dann mit dem Zug zurück in die Schweiz, erklärte er mir. Ich überlegte es mir, ging dann aber doch weiter mit ihm.
Kurz vor Boadillo del Camino hörte ich hinter uns wieder diese „Sprechgesänge". Dieser Mann aus Belgien überholte uns, während sein Tonbandgerät lief. Ich war sehr froh, in Begleitung ge-

wesen zu sein. In Boadilla del Camino, in der ersten Herberge, bestellten wir uns ein Frühstück. Eine private Herberge mit einem schönen Garten und sogar mit Swimmingpool. Da gab es auch noch eine Eisenplastik, die einen Pilger darstellte.
Gegen Mittag erreichten wir Fromista. Hier gibt es ein Käsemuseum. Der Spanier wusste dies, weil er schon mehrmals auf dem Jakobsweg war. Wir probierten Käse und tranken Wein. Danach gingen wir in die Herberge, direkt an einem Platz bei der Kirche. Wir bezogen unsere Betten nebeneinander. Am Nachmittag traf ich den Spanier an der Bar in einem Hotel wieder. Ich wollte mir ein Fußballspiel anschauen. Er trank immer noch und wollte auch mir dauernd Getränke offerieren. Ich lehnte dankend ab. Ich dachte dabei an die Medikamente, die ich täglich einnahm, und so beließ ich es dann meistens bei einem bis zwei Bier täglich. Und heute trank ich ja bereits Wein.
Auf dem Platz vor der Herberge sprach mich eine Frau, eine Pilgerin aus Deutschland an. Sie glaube, dass es mir nicht gut gehe. Inzwischen war auch mein Gesicht voll kleiner Wunden. Durch die ständige Unruhe in mir, kratzte ich mich blutig, vor allem in der Nacht. Diese Frau erzählte mir dann, dass sie im sozialen Dienst tätig war und Familien in schwierigen Situationen begleitete. Sie erzählte aber auch von ihren eigenen Problemen, und dass sie deshalb auf dem Jakobsweg sei, um Klarheit zu bekommen.
Wir gingen in ein Restaurant und bestellten uns etwas zu essen. Sie gab mir einige wertvolle Ratschläge. Unter anderem schrieb sie mir noch eine Adresse von einem Therapeuten aus Deutschland auf die Tischserviette. Ich bezahlte ihr das Essen als Dank für das gute Gespräch.
Das Bett neben mir blieb die ganze Nacht leer. Erst am Morgen, als ich mich wieder bereit machte, kam der Spanier herein. Er hatte die ganze Nacht in der Bar verbracht und war ziemlich betrunken.

Sonntag, 18.06.06, Fromista – Carrión de los Condes
Ich zog dann alleine los. In Carrión de los Condes ging ich gleich in die erste Herberge im Ort. Sie befindet sich in einem alten, noch intakten Kloster. Ich erhielt ein Bett in einem Dreierzimmer.

Zusammen mit einem Ehepaar aus Frankreich war es mir viel zu eng. Die Nähe war mir sehr unangenehm. Dann schon lieber in einem großen Raum mit vielen Pilgern. Ich ließ den Rucksack auf dem Bett liegen und schaute mich nach einer anderen Herberge um. Es war Sonntag, und es fand eine Prozession statt. Die Straßen waren mit Blumen, Blätter und Gräsern bedeckt. Ich fand dann eine zweite Herberge direkt neben der Kirche. Dann holte ich meinen Rucksack und schlich mich aus dem Kloster. Bezahlt hatte ich bereits, trotzdem war ich froh, dass mich niemand sah. In der anderen Herberge begegnete ich dann zum zweiten Mal den beiden Baslerinnen. Und am Abend traf ich dann sogar den Spanier wieder, der zuviel getrunken hatte. Er hatte es heute also auch noch bis Carrión de los Condes geschafft. Er gab mir Tipps, wo man hier gut essen könne. In einem Restaurant traf ich dann auf einen Österreicher, einen richtigen Weltenbummler. Beim gemeinsamen Nachtessen erzählte er mir, wo er schon überall gewesen ist. In diesem Moment ging mir etwas besser.

Montag, 19.06.06, Carrión de los Condes – Calzadilla de la Cueza
Am nächsten Tag begleitete mich der Spanier wieder. Nüchtern war er ganz angenehm. In dem kleinen Ort Calzadilla de la Cueza gab es ein einziges Hotel. Wir kamen relativ früh an, ich glaube, noch vor dem Mittag.
Hier traf ich auch die Frau wieder, welche ich in Fromista kennen gelernt hatte. Sie wolle heute noch weitergehen. Sie fühle sich ganz gut. Mir reichte es für heute. Ich ging dann zurück zu der Herberge, welche sich ganz zu Beginn des Ortes befindet. Ich glaube, diese Herberge wird sogar von diesem Hotel betreut. Es gab sogar einen Swimmingpool. Ich ging ganz kurz baden. Fühlte mich jedoch nicht sehr wohl dabei. Vor allem, weil auch mein Rücken ziemlich zerkratzt war, so wie das Gesicht. Am Abend trafen sich fast alle Pilger in diesem Hotel wieder beim Nachtessen. Der Spanier bot mir einen Platz an seinem Tisch an und stellte mir gleich seine neuen Bekanntschaften vor. Zwei Frauen aus Brasilien. Ich weiß noch, wie eine der beiden Frauen sofort auf mein Gesicht zeigte und mich dabei etwas besorgt und fra-

gend anschaute. Vielleicht hatte sie mich sogar schon am Pool beobachtet. Ich konnte es ihr nicht richtig erklären, da ich kein Portugiesisch kann.
An diesem Abend spielte Spanien und gewann. Es war eine tolle Stimmung unter den vielen spanischen Pilgern. Später ging ich zusammen mit dem Spaniern zurück in die Herberge.
Es begann nun die Phase, in der ich mich nachts langsam immer wohler fühlte und es schätzte, zusammen mit vielen andern Pilgern zu sein. Ein Raum für mich mit genau so viel Leben, wie ich ertrug. Vielleicht ist es schwierig, das zu verstehen. Ich war also ein Teil dieser Gemeinschaft, aber ohne all die Begegnungen, welche mir am Tag so viel Mühe machten. Da ich sowieso nicht einschlafen konnte, störten mich auch all die vielen Geräusche nicht. Zuerst dauerte es meist eine volle Stunde, bis sich auch der letzte so richtig bequem eingenistet hatte. Irgendwo gab es noch leise Gespräche. Diesen Geräuschen folgten dann die ersten „Schnarchtöne". Immer wieder musste mal jemand auf die Toilette. Dann gab's auch noch andere Schlaflose, die sich hin und her wälzten. All diese kleinsten Geschichten lenkten mich ab von meinen eigenen Gedanken und brachten auch eine gewisse Entspannung. Ich war beinahe etwas angewiesen auf diese „Nachtgeschichten".
Unangenehmer wurde es erst dann wieder, als die ersten Frühaufsteher das Licht anmachten und ich die ersten Gespräche mitbekam. Meistens deckte ich mich dann mit dem Schlafsack zu und verließ als einer der letzten die Herbergen.

Dienstag, 20.06.06, Calzadilla de la Cueza – Sahagún
An diesem Morgen vergaß ich zum ersten Mal den Stock und musste deswegen nochmals zurücklaufen. Der Stock war noch da; ich war wirklich sehr erleichtert. Der Stock hatte inzwischen für mich eine symbolische Kraft bekommen. Das glaube ich auch heute noch!
In Sahagún befindet sich die Herberge in einer umgestalteten Kirche. Aus dem Kirchenschiff ertönten Kinderstimmen. Kinderhort oder Jugendraum? Die Schlafkojen auf dem Zwischenboden erinnerten mich an jene bei den Sechstagerennen.

In Sahagún ging es mir wieder ziemlich mies. Vielleicht lag es an dem Medikament, welches ich seit Azofra abgesetzt hatte.

Mittwoch, 21.06.06, Sahagún – Bercianos del Real Camino
Das dumpfe Gefühl war auch am Morgen noch da und löste etwas Panik aus. Nach langem Hin und Her nahm ich eine Tablette des abgesetzten Medikamentes. Es sollte die letzte sein – bis heute. Innerhalb kürzester Zeit ‚fuhr' es mir total unangenehm ein. Ich war nicht mehr ich selbst und verlor völlig den Kontakt zum Boden. Noch mehr in Panik geriet ich, als ich mich wegen meines verwirrten Zustandes sogar in der Altstadt verirrte. Als ich dann nicht mehr ein noch aus wusste, fragte ich ziemlich verstört zwei Frauen mit Rucksack nach dem Weg. Eine der beiden war eine deutsch sprechende Norwegerin, die mir den Weg aus Sahagún zeigte. Diese Frau traf ich dann in Triacastela wieder. Sie erzählte sie mir dann, dass sie einmal als Au-Pair in der Schweiz gearbeitet hatte. Außerhalb von Sahagún entlang einer Autostraße telefonierte ich mit Franziska. Ich erzählte ihr, dass ich nicht nach Hause komme, so wie ich es meinem 5-jährigen Sohn Elias versprochen hatte. Vor dem Jakobsweg hatte ich für ihn einen großen Plan gemacht – eine Art Landkarte mit Frankreich und Spanien. Darauf zeichnete ich einen Zug, der vorbei am Eiffelturm bis zu den Pyrenäen fährt. Ich stellte mich als Wandersmann mit einem Rucksack dar, der über Berge wandert und durch ganz Spanien läuft bis zu einer Kirche nach Santiago. Also doch ein Ziel!? Rund um den Plan gab es ca. dreißig kleine Felder, in welche er täglich ein Kreuz machen konnte. So wusste er, wenn alle Felder ein Kreuz haben, bin ich wieder zu Hause. Auf diese Art und Weise sollte er mit mir über diese lange Zeit verbunden sein.
Doch war ich ja erst gerade in Sahagún. Franziska sagte dann zu mir, ich solle mir das gut überlegen, ob ich das meinem Sohn antun möchte. Er freue sich schon, dass ich nun bald nach Hause kommen werde! Es war ein sehr emotionales Telefongespräch. Während dem ich am Telefonieren war, überholten mich dann die beiden Frauen wieder, welche mir den Weg aus Sahagún gezeigt hatten. Sie gingen mir aus dem Weg.

Bis in Bercianos del Real Camino hatte ich mich wieder etwas erholt. Da gab eine schöne kleine Herberge, ganz aus Lehm gebaut. Ich traf wieder auf die zwei jungen Frauen aus Basel. In der Bar gegenüber der Herberge trank ich ein Bier und probierte einige Tapas. Der Fernseher lief, und so schaute ich einmal mehr ein Fußballspiel.

Donnerstag, 22.06.06, Bercianos del Real Camino – Mansillas de la Mulas
Auf Mansillas de la Mulas war ich gespannt. Dieser Ort verband mich mit Sophie. Denn ich wusste, dass sie von hier wieder zu Fuß weiterging. Eine chaotische Herberge, aber mit viel Charme. Die Pilger standen überall an, beim Duschen, beim WC und beim Herbergsvater. Er soll magische Kräfte haben. Er versprach mir, auch meine chronischen Achillessehnen-Beschwerden heilen zu können. Was ihm dann aber nicht gelang. Das Abendessen mit Wein zusammen mit den beiden Frauen aus Basel war wieder ein besserer Moment für mich. Sie beeindruckten mich. Gerade zwanzig geworden, soeben die Matura bestanden und dann los auf den Jakobsweg (ab Pamplona). Im Anschluss daran wollten sie dann mit dem Arztstudium beginnen. Ich versuchte mich zurückzuerinnern, mit welchen Themen ich mich in diesem Alter beschäftigte. Es gelang ihnen auch, trotz der Distanz, welche meine Depression ausstrahlte, einen Kontakt zu mir aufzubauen.

Freitag, 23.06.06, Mansillas de las Mulas – León
Kaffee und Croissant in einer Bar neben der Herberge. Ein kurzes Gespräch mit Tina und Linda aus Basel. Sie wollen es heute bis León schaffen und dort dann das Wochenende verbringen. Es gäbe eine große Fiesta an diesem Wochenende in León. Sie werden ausnahmsweise in der Jugendherberge übernachten, die wäre aber im gleichen Haus wie die normale Herberge. Sie waren sehr gut informiert.
Ich nahm mir fest vor, nur eine Nacht in León zu verbringen, auf keinen Fall nochmals so hängen zu bleiben wie in Burgos.

Bereits um die Mittagszeit erreichte ich eine Herberge in León. Sie befindet sich nahe der Altstadt. Sie hatte leider noch geschlossen, und so wartete ich mit vielen anderen Pilgern, bis sie öffnete. Dann endlich konnte man sich einschreiben und bekam eine Zimmer-Nr. zugeteilt. Anschließend das übliche Ritual: Duschen, umziehen, waschen. Danach ging ich in die Stadt. Dort traf ich Linda in einem Restaurant beim Platz vor der Kathedrale. Ihre Kollegin sei am „Shoppen". Die beiden freuten sich auf das „freie" Wochenende und die Fiesta. Ich hätte mich doch auch so gerne wieder einmal gefreut, aber bei mir war die Freude wie ausradiert. Schlimm, wirklich, und es wurde noch schlimmer. Auf dem Rückweg in die Herberge deckte es mich richtig zu. Ein Gefühl, das ich schon kannte, aber jedes Mal war es wieder sehr unangenehm. Am liebsten hätte ich León gleich verlassen. In der Herberge suchte ich Hilfe. Dann rief ich David an und bat ihn regelrecht um Hilfe. Er sagte mir dann, dass er mir unmöglich helfen könne. Er sei inzwischen in Monte do Gozo, also kurz vor Santiago, und am Sonntag werde er dann in die Schweiz zurückfliegen. Er hörte sich all meine Ängste an und sagte dann:

„Max, sieh den Jakobsweg wie einen Spiegel des Lebens.
Du kannst ihn jederzeit abbrechen.
Du kannst ihn aber auch zu Ende gehen.
Es liegt in Deinen Händen,
für welchen Weg Du Dich entscheidest."

Diese ehrlichen und mutigen Worte schreckten mich auf. Es fürchtete mich, was das bedeuten könnte! Nach diesem Telefon brach die ganze Trauer aus mir heraus. Ein Glück, dass ich immer wieder so richtig weinen konnte. In der Klinik konnte ich nicht einmal mehr weinen. Ich war wie erstarrt. Der einzige Pilger, der noch im Zimmer war, fragte mich auf Spanisch, ob er mir helfen könne? Er erzählte mir, dass er den Jakobsweg hier in León abbrechen werde. Er habe eine Nachricht erhalten, dass sein Vater schwer erkrankt sei. Er würde den Jakobsweg aber ein anderes Mal zu Ende gehen. Es relativierte die Aussage von David ein

wenig. Ich könnte das ja auch tun. Doch mit welchen Gründen? Und da war ja noch die Angst vor dem Nach-HauseGehen. Immer wieder diese Zerrissenheit. Wohin ich mich auch bewegte in Gedanken, überall endete es mit der Angst. Ein Teufelskreis! Ich wünschte mir so sehr, endlich ausbrechen zu können aus diesem Teufelskreis der Angst.
Dieser Spanier ermunterte mich dann, nochmals in die Stadt zu gehen. Ich ging in ein Restaurant in der Altstadt und bestellte mir etwas zu essen. Heute spielte die Schweiz gegen Südkorea 2:0. Als ich dann zurück in der Herberge war, hörte ich immer wieder laute Knaller! Es musste ein Feuerwerk sein, die große Fiesta fand tatsächlich statt. Ich dachte, wie sich Tina und Linda wohl freuten. Und viele andere auch!

Samstag, 24.06.06 León – Villar de Mazarife
Fest entschlossen heute weiter zu gehen, packte ich dann schon früh meinen Rucksack. Zuerst suchte ich eine Bar. Doch deswegen lange suchen oder gar nochmals zurück ins Stadtzentrum wollte ich nicht. Also machte ich mich ohne Kaffee auf den Weg. Am Rande der Stadt bei einer großen Straßenkreuzung hielt ich Ausschau nach den gelben Pfeilen. Nicht nur ich, auch ein spanisches Paar suchte die „flechas". Wir bestätigten uns gegenseitig, dass es wahrscheinlich in diese Richtung gehen müsste.
Dann doch noch ein Restaurant, das geöffnet hatte. Es gab Kaffee und Croissant. Von hier rief ich das erste Mal meine Nachbarin Ursula an. Leider erreichte ich nur den Telefonanrufbeantworter, so hängte ich wieder auf.
Um die Mittagszeit traf ich dann in einem Restaurant wieder auf das spanische Paar. Sie wären gerade erst heute Morgen in León gestartet und mussten sich zuerst etwas orientieren. Sie wären sehr froh darüber gewesen, dass ich ihnen anscheinend helfen konnte. Ich bestellte mir ein Bier und ein Bocadillo.
Gleichzeitig machten wir uns auf den Weg und gingen meist in Sichtweite bis zu dem kleinen Ort Villar de Mazarife. Wir schrieben uns in der gleichen Herberge ein und bekamen ein Bett im gleichen Zimmer. Die Frau von dieser Herberge war sehr nett

und machte mir noch ein Fußbad. Das spanische Paar bekam Besuch von einem befreundeten Paar aus Nordspanien. Während dem gemeinsamen Abendessen erzählten sie mir, dass sie mit dem Auto hier sind und sich dann morgen in Astorga nochmals treffen werden. Am Montag müssten sie dann wieder zurück zur Arbeit sein. Das Paar, welches heute in León gestartet war, lebte auf den kanarischen Inseln, und sie hatten sich einst während der Ferien kennen gelernt.

Sonntag, 25.06.06, Villar de Mazarife – Astorga
Beim Frühstück traf ich dann die beiden spanischen Paare wieder. Dabei bot sich mir die Gelegenheit, meinen Rucksack dem Paar, welches mit dem Auto unterwegs war, mitzugeben. So müsste ich es heute mindestens bis Astorga schaffen. Etwas mehr als dreißig Kilometer, und das ohne Rucksack, traute ich mir zu. Gemeinsam mit dem Paar von den kanarischen Inseln machte ich mich auf den Weg. Ich erinnere mich noch an die lange und schöne römische Brücke, die man bei Hospital de Orbigo überquerte. In Astorga gab es eine große Herberge. Sie erinnerte mich an ein Schulhaus. Wie vereinbart trafen wir hier dann wieder das Paar aus Nordspanien, und so kam ich wieder zu meinem Rucksack. Am Abend gingen wir alle zusammen essen in eine Pizzeria.

Montag, 26.06.06, Astorga – Foncebadón
Am Morgen, als ich meinen Rucksack packte, konnte ich einmal mehr meine Tränen nicht zurückhalten. Der Mann von den kanarischen Inseln kam auf mich zu und munterte mich auf, heute mit ihnen zu gehen. Zudem hatten sie in der Herberge noch eine Frau aus Spanien kennen gelernt, welche alleine auf dem Jakobsweg war. Also machten wir uns heute zu viert auf den Jakobsweg. Unterwegs fotografierten wir uns gegenseitig vor einer kleinen Kirche. Meist gingen die beiden Frauen zusammen und ich mit dem Mann. Ich erzählte ihm etwas von meiner Situation und den Problemen. Und er erzählte mir von seinen drei Söhnen. Er, aber auch seine Frau machten mir einen sehr gefestigten Eindruck. Sie freuten sich, mal ohne ihre Kinder Ferien zu machen.

Die Herberge in Foncebadón war sehr gemütlich. Gerade erst neu hergerichtet, verlieh sie zudem dem kleinen Bergdorf wieder etwas Leben. Der Ort galt über längere Zeit als „ausgestorben", was das auch immer bedeuten mag. Der Herbergsvater kochte mit Hilfe einiger Pilger ein deftiges Abendessen. Da es an den beiden Tischen zu wenig Platz gab, wurde in zwei Etappen gegessen.
Beim Zu-Bett-Gehen wurde mir bewusst, dass mir eines meiner Medikamente ausging, aber für heute reichte es noch. Morgen musste ich mir unbedingt wieder mein Medikament für die Nacht besorgen. Obwohl die Wirkung ausblieb, nahm ich es immer vor dem Zu-Bett-Gehen.

Dienstag, 27.06.06, Foncebadón – Ponferrada
Auch heute Morgen gingen wir wieder gemeinsam, also zu viert, los. Heute kamen wir am Cruz de Ferro vorbei. Auch wenn man nur ganz wenig über den Jakobsweg weiß, das „Cruz de Ferro" ist den meisten bekannt. Ich blieb nur ganz kurz. Ich mag mich auch nicht mehr erinnern, ob ich mir da wirklich etwas gewünscht habe oder etwas deponiert habe. Es gibt einige Lücken in meinem Gedächtnis. Aber ich weiß, es war mir auf jeden Fall zu touristisch. Ganze Autobusse strömten aus, und man machte Fotos mit dem „Cruz de Ferro" im Hintergrund.
Auf dem heutigen Weg durchquerten wir noch schöne, authentische Bergdörfer. Hier wäre ich gerne geblieben. Gemeinsam erreichten wir dann die Herberge von Ponferrada. Auch hier kam mir plötzlich wieder alles sehr touristisch vor. Wieder diese Autobusse vor der Herberge.
Nach dem üblichen Ritual ging ich dann, wegen meiner zur Neige gehenden Medikamente, zuerst in eine Apotheke. Man erklärte mir, dass ich dazu ein Rezept benötige. Gleich von der Apotheke aus rief ich in die Klinik an. Elli, eine mir bekannte Pflegerin, versprach mir das nötige Rezept zu besorgen. Ich gab ihr dazu die Fax-Nummer der Apotheke. Etwas später ging ich dann nochmals bei der Apotheke vorbei und bekam nach längeren Diskussionen die Arznei, obwohl – so schien es – das Fax noch nicht eingetroffen war.

Am Abend schaute ich mir in einer Bar noch das Spiel Frankreich gegen Spanien an. Spanien verlor und schied aus. Die Stimmung war spürbar gedämpft.

Mittwoch, 28.06.06, Ponferrada

Der Druck an diesem Morgen war kaum mehr auszuhalten. Das Gefühl, keine Luft mehr zu bekommen, kannte ich, es war immer wieder mit großer Angst verbunden. Aus der Zeit in der Klinik wusste ich zudem auch, dass es nichts mit dem Herzen zu tun hatte. Es war allein der psychische Druck, der sich so bemerkbar machte.
Als alle Pilger aus dem Haus waren, entdeckte mich dann eine Frau, welche die Herberge reinigte, noch im Bett. Ich versuchte, ihr klar zu machen, dass es mir im Moment nicht möglich wäre, aufzustehen. Diese Frau rief dann unverzüglich den Arzt. Innerhalb kurzer Zeit waren gleich drei Ärzte da! Ich erklärte ihnen von dem großen Druck, und dass dies rein psychische Ursachen hätte. Es gehe wieder vorbei im Laufe des Tages. Trotzdem untersuchten sie mich gründlich. Sie machten sogar ein EGK, dazu mussten sie mir die Brust rasieren. Das Ergebnis bestätigte meine Einschätzung.
Sie empfahlen mir nochmals, ein Medikament zu nehmen und hier einen Tag auszuruhen. Ich blieb den ganzen Tag in der Herberge. Vor allem war ich traurig, dass ich nun auch noch den Kontakt mit dem Ehepaar von den kanarischen Inseln verloren hatte.

Donnerstag, 29.06.06, Ponferrada – Cacabelos

Der Druck war nicht mehr ganz so groß. Etwas außerhalb von Ponferrada rief ich das erste Mal meine Eltern an. Es war der erste direkte Kontakt, seitdem ich im März in die Klinik eingeliefert wurde. Ein Telefonat, das ich vielleicht besser nicht gemacht hätte. Sicher machten sie sich danach auch große Sorgen. Aber immerhin wussten sie nun, dass ich bis zum 50. Geburtstag meiner Schwester am 5. Juli nicht zurück sein werde. Ich erreichte Cacabelos und es gab eine schöne Herberge die rund um die Kirche angeordnet waren, alles Zweibett-Zimmer entlang der Kirchenmauer. Mit meinem Zimmernachbar, einem Nordländer, woher genau, weiß ich nicht mehr, ging ich dann noch etwas essen.

Freitag, 30.06.06, Cacabelos – Villafranca del Bierzo
Ich glaube, heute rief mich Ursula, meine Nachbarin, unterwegs an. Ich nahm nicht gleich ab. Doch dann rief ich sie zurück. Sie war sehr überrascht, vielleicht etwas geschockt, als ich ihr erklärte, dass ich nun schon seit einiger Zeit allein unterwegs auf dem Jakobsweg bin. Sie ging davon aus, dass ich immer noch in der Klinik wäre. Sie lobte mich dann, meinte, dass ich sehr mutig wäre! Ich fand das natürlich überhaupt nicht. Mutig? Ich hatte ja Angst vor dem Zurückkehren.

Seit Ponferrada ist der innere Druck wieder spürbar größer geworden. Auch mit den Medikamenten war es kaum mehr auszuhalten. Unterwegs legte ich mich mehrmals hin. Es waren sehr wenige Pilger unterwegs. Ich glaube, es ging dabei auch um die Entscheidung, nicht am Geburtstagfest meiner Schwester teilzunehmen, welche mich zusätzlich belastete. Zum Einen tat ich mir sehr schwer, Entscheidungen zu fällen, aber genau so schwer war es, einmal gefällte Entscheidungen zu tragen und auszuhalten. Dieses ständige Hinterfragen brachte mich keinen Schritt weiter und zerrte zudem an den Kräften.

In diesem Zustand erreichte ich dann Villafranca del Bierzo und ging gleich in die erste Herberge. Sie befindet sich etwas oberhalb des Dorfes. Hier blieb ich dann wieder bis zum Montag hängen! Aber nicht in der gleichen Art wie in Burgos. Der Unterschied lag darin, dass ich mich hier nicht aus dem Pilgerstrom ausklinken musste. Das war ganz wichtig für mich. Hier durfte ich dann gleich dreimal in der gleichen Herberge übernachten. Zwar rief die Frau, welche die Herberge betreute, ebenfalls den Arzt als ich am Samstagmorgen nicht aus dem Bett kam. Doch ich konnte ihm mein Problem besser erklären, und er zeigte großes Verständnis. Er empfahl mir, mich hier ein bis zwei Tage zu erholen. Die Herbergsfrau war damit auch einverstanden.

Samstag, 01.07.06 und Sonntag, 02.07.06, Villafranca del Bierzo
Dieses Wochenende telefonierte ich dann unzählige Male in die Schweiz. Ich versuchte mehrmals, André, meine Bezugsperson in der Klinik, zu erreichen. Dies war leider nicht möglich. Doch Mar-

kus, auch ein Psychiatriepfleger, nahm sich sehr viel Zeit, mich auf den Beinen zu halten. Er rief mich dann sogar nochmal abends zurück, von sich zu Hause! Ich sah keinen Ausweg mehr. Markus konnte mir aber völlig wertfrei aufzeigen, welche Möglichkeiten ich noch habe. Ganz im Sinne von: „Was immer ich auch entscheide, es wäre das Richtige." Auch mit Ursula, meiner Nachbarin, telefonierte ich noch zweimal. Franziska rief ich gar mehrere Male an. Ich belästigte sie teilweise an ihrer Arbeitsstelle. Denn sie arbeitete am Wochenende in einem Restaurant. Ich erinnere mich, wie ich auf der Treppe vor der Kirche saß und mit ihr telefonierte. Es waren ziemlich schlimme „Telefonate"; sie berühren mich heute noch unangenehm. Sie sind mir peinlich. Ich habe sie noch nicht richtig verarbeitet. Ansonsten, habe ich mich ziemlich versöhnt mit meiner Geschichte. Nicht ganz zufällig war Villafranca del Bierzo in der Vergangenheit auch das Santiago für die Schwachen und Kranken. All jene, denen es nicht mehr zugemutet werden konnte, den Cebreiro noch zu überqueren, durften hier den Jakobsweg beenden. So gibt es auch Buslinien in alle möglichen Richtungen. Ich war in diesen zwei Tagen mehrmals sehr nahe daran, mir ein Ticket zu holen. Am Samstag, kurz vor Ladenschluss, kaufte ich für meinen Sohn noch einen Anhänger (ein chinesisches Sternzeichen), damit ich etwas für ihn dabei hätte, wenn ich nun doch früher zurückkäme. War die Rückreise die letzte mir verbleibende Möglichkeit? Inzwischen schwand auch die Hoffnung, dass sich bis Santiago noch irgendetwas an meinem Zustand ändern würde. Also was soll's denn? Es spielte sowieso keine Rolle mehr. Und wenn es wirklich der Spiegel des Lebens sein sollte? Möchte ich denn wirklich bis ans Ende meines Leben in einer Depression stecken? Sollte ich abbrechen? So wäre ich wenigstens am Geburtstag meiner Schwester dabei. Doch auch dieser Gedanke wurde schnell wieder weggewischt. Was sollte ich denn an einem Fest, wo gelacht und getanzt wird? Also doch hier bleiben! Dieses ewige Hin und Her …

Montag, 03.07.06, Villafranca del Bierzo – O Cebreiro
Der Umstand, dass diese Herberge einen Rucksackshuttle bis zum O Cebreiro organisierte, erleichterte mir die Entscheidung,

wieder aufzubrechen und vorwärtszugehen. Also gab ich am Montagmorgen auch meinen Rucksack mit und zwang mich, mindestens bis zum O Cebreiro weiterzugehen. Es ging vor allem aufwärts. Unterwegs traf ich auf einen Schweizer, der sehr zügig unterwegs war. Er erzählte mir, dass er in der Schweiz gestartet sei und schon war er wieder weg! Auf dem O Cebreiro suchte ich dann zuerst meinen Rucksack. Er war nicht am vereinbarten Ort deponiert. Ich fand ihn dann vor einem anderen Hoteleingang. Ich ging zur Herberge und erhielt dann gerade noch eines der letzten freien Betten. Die Herberge war schnell belegt. O Cebreiro als letzter größerer Übergang vor Santiago benutzten viele Pilger als Tagesetappe.

Dienstag, 04.07.06, O Cebreiro – Triacastela
Am Morgen regnete es. Einige Pelegrinos warteten bei der Bushaltestelle. Ich stand auch mal kurz da, entschloss mich dann aber, doch loszulaufen. Es war nass und neblig. Nach etwa einer Stunde kam ich vom Weg ab. Ich glaube zwar heute noch, dass ich den Pfeilen nachgelaufen bin. Als ich dann über eine längere Zeit keine gelben Pfeile mehr sah, fragte ich eine Bäuerin nach dem Jakobsweg. Sie erklärte mir, dass ich den ganzen Weg wieder zurück müsse ca. zwei Kilometer, bis ich dann wieder auf die Straße nach Triacastela komme. Unterwegs ein Telefonat mit Franziska, sie war gerade bei ihrer Freundin Carmen! Ich musste alles wieder hinauf und zurück. Als ich dann wieder auf der Straße nach Triacastela war, hielt ich das erste Taxi an, das mir begegnete. Es brachte mich dann nach Triacastela.
Dort gab es gleich mehrere Herbergen. Ich ging in die gelbe an einer Straßenecke. Beim Auspacken merkte ich, dass ich auf dem Cebreiro all meine Medikamente liegengelassen habe. Panik und Angst erfassten mich. Am Abend versuchte ich der Herbergsfrau zu erklären, dass ich mich nicht gut fühle. Sie suchte jemand der Deutsch sprach. Dann kam die Norwegerin, welche mir in Sahagún schon begegnet war. Ich erklärte ihr, dass ich angewiesen wäre auf Medikamente, diese jedoch heute morgen liegen gelassen habe.

Mittwoch, 05.07.06, Triacastela

Am Morgen ging es mir sehr schlecht. Per SMS gratulierte ich noch meiner Schwester zu ihrem 50. Geburtstag. Ich kam nicht aus dem Bett. Die Norwegerin schaute nochmals nach mir. Als sie mich da liegen sah, sagte sie, dass sie mich nun zum Arzt begleiten werde. Mit dem Auto der Herbergsfrau fuhren wir ins Center de Salud. Dort erhielt ich das Rezept für all meine Medikamente. Danach gingen wir zur Apotheke. Die Norwegerin machte sich trotzdem große Sorgen und fragte, ob sie mit jemanden meiner Angehörigen sprechen könne. Ich gab ihr mein Natel und die Nummer meines Bruders. Sie waren sich schnell einig, dass ich sofort nach Hause zurückkehren sollte. Mein Bruder werde mich jederzeit am Flughafen abholen. Sie informierte sich, welche Flugmöglichkeiten es gäbe. Gleich heute Nachmittag mit der Air Europe direkt nach Zürich gab es noch freie Plätze. Mit dem Taxi wäre ich in ungefähr zwei Stunden auf dem Flughafen in Santiago. Ich wehrte mich und, bat bis Morgen noch abzuwarten. Auf keinen Fall wollte ich ausgerechnet heute, am Geburtstag meiner Schwester zurückkommen. Sie hatte wenig Verständnis. Was ich im Nachhinein auch verstehe. Sie hatte sich ja so bemüht um mich.

Am Abend ging es mir etwas besser. Ich ging dann noch in ein Restaurant und bestellte mir etwas zu essen. Dabei traf ich wieder auf die zwei Baslerinnen Linda und Tina, welche ich seit León nicht mehr gesehen habe.

Ich vertraute mich ihnen an. Es gehe mir ziemlich schlecht, und dass ich den Jakobsweg morgen abbrechen werde. Sie schlugen mir vor, mich bis Santiago zu begleiten, wenn mir das helfen könnte. Wir vereinbarten, uns am nächsten Morgen wieder hier in der Bar zu treffen. Denn sie waren in einer anderen Herberge einquartiert.

Donnerstag, 06.07.06, Triacastela – Sarria

Am Morgen packte ich schon früh meinen Rucksack und ging zum vereinbarten Treffpunkt. Linda und Tina warteten auf mich. Dann liefen wir los, zuerst gemeinsam, später wieder getrennt.

Wir blieben aber immer in Kontakt über's Natel und vereinbarten auch ein gemeinsames Tagesziel. Diese Art von Verbindlichkeit mit Tina und Linda hat mir sehr geholfen, auch noch dieses letzte Stück bis Santiago zu bewältigen.
In Sarria trafen wir uns dann wieder und suchten gemeinsam nach einer Herberge. Es gab hier gleich mehrere Möglichkeiten. Wir entschlossen uns dann für eine Herberge mit einem schönen Innenhof samt Brunnen, in dem man sich sogar die Füße baden konnte. Einmal mehr war ich froh, wieder unterwegs zu sein.
Ich machte nun auch konkrete Gedanken für meine Rückkehr. Santiago lag ja nun in Reichweite. So kaufte ich hier ein Sweat-Shirt für meinen Sohn, mit vielen „flechas" und Ortsnamen vom Jakobsweg.
Ich rief wieder in der Klinik an. Diesmal erreichte ich endlich meine Bezugsperson André. Er empfahl mir jetzt, den Jakobsweg zu Ende zu gehen und mich dann wieder bei ihm zu melden.

Freitag, 07.07.06, Sarria – Portomarin
Heute war es das zweite Mal, dass ich Sophies Stock vergaß. Doch merkte ich es gleich noch in der Kaffeebar, gegenüber der Herberge. Das Tagesziel heute war Portomarin. Auf der Brücke vor Portomarin trafen wir uns und suchten gemeinsam eine Herberge. Es sollte die erste Herberge mit herrlichem Ausblick über den See sein. Dafür ein kleines Zimmer ohne Fenster! Tina und Linda bekamen ein anderes Zimmer mit Fenster. Zusammen tranken wir dann ein Bier auf der Terrasse.
Am gleichen Tisch saß auch ein blinder Pilger mit seiner Begleitung. Sie sind mir in den Tagen zuvor schon einige Male aufgefallen. Der Blinde trank zwei, drei große Bier. Linda und Tina erzählten mir später vom schweren Schicksal dieses Mannes. Er kam aus Belgien und war mit seiner Sprachlehrerin unterwegs. Sie unterrichtete ihm Spanisch und hatte ihn auch motiviert, mit ihr auf den Jakobsweg zu gehen. Kennen gelernt hatten sie sich in einer Bar, wo sie jeweils in den Unterrichtspausen ihren Kaffee trank. Da saß er meistens allein und trank Bier. Sie schlug ihm vor, doch bei ihr Spanisch zu lernen. In die Bar könne er ja dann immer noch gehen, wie sie ja auch. Eine schöne Geschichte!

Blind ist er seit einem tragischen „Unfall". Er wollte sich das Leben nehmen und schoss sich in den Kopf. Er überlebte. Es hatte mich tief berührt. Auch heute berührt es mich noch.
Ich telefonierte wieder in die Klinik. Patricia nahm ab und hörte mir lange zu. Auch sie empfahl mir, den Jakobsweg nun zu Ende zu gehen.
Tina und Linda wussten, dass heute in der Herberge nebenan, eine italienische Pilgerin ein Abendessen für einige Pilger zubereiten würde. Sie wären eingeladen und ich solle doch auch mitkommen. Es gab feine Spaghetti mit Meeresfrüchten und Wein dazu. Es war ein sehr guter Moment für mich.

Samstag, 08.07.06, Portomarin – Areixe
Auch heute blieb ich mit Tina und Linda in Verbindung. Ich lief voraus. In Ligonde und Areixe machte ich längere Pausen. In Ligonde bei einem Bauerhof gab es etwas zu trinken, und man konnte auch Ansichtskarten kaufen. Ich schrieb die erste und einzige Karte auf dem ganzen Jakobsweg an meinen Sohn, dabei weinte ich sehr lange. Bereits in Areixe der nächste Halt. In Abständen kamen Tina und Linda vorbei. Sie liefen auch meist getrennt, jede mit ihrem eigenen Rhythmus. Das Tagesziel wäre Palas de Rei. Als ich nach langer Pause wieder weiterging, rief ich von unterwegs David an, der inzwischen längst wieder in der Schweiz war. Er nahm nicht ab, rief mich aber kurze Zeit später zurück. Ich sagte ihm, dass ich gerne in Areixe geblieben wäre. Er meinte, dass es manchmal besser wäre, einen Schritt zurückzugehen. Nach einigem Überlegen kehrte ich um und ging zurück nach Areixe. Dann rief ich Linda an, um ihr mitzuteilen, dass ich heute in Areixe übernachten werde. Sie waren inzwischen bereits in Palas de Rei, und es gäbe noch Platz in der Herberge. Wieder überlegte ich es mir, blieb dann aber doch in Areixe.

Sonntag, 09.07.06, Areixe – Ribadiso
Am Morgen vereinbarten wir per SMS das ungefähre heutige Tagesziel Arzúa. In Mélide war ich dann schon ziemlich müde. Es war Sonntag, und es gab einen Umzug mit viel Lärm und lauter

Musik. Es war unerträglich. Ich nahm ein Taxi und fuhr zuerst bis Ribadiso. Ich fragte den Taxifahrer, ob es hier ein Restaurant mit Fernseher gäbe, denn heute war das WM-Finale Italien gegen Frankreich. Er meinte, nein, dazu müsste ich schon nach Arzúa. Dann brachte er mich nach Arzúa, und ich schrieb mich in der Herberge ein. Als ich mich ausruhte, erhielt ich eine SMS von Linda.
Sie würden es heute nur noch bis nach Ribadiso schaffen. Ich schlich mit dem Rucksack wieder aus der Herberge, nahm einen Taxi und fuhr die vier Kilometer wieder zurück nach Ribadiso. Als ich aus dem Taxi stieg, kamen mir Linda und Tina entgegen. Ich war sehr froh. Wir bekamen gerade noch die letzten drei freien Betten. Eine wunderschöne Herberge in einem umgestalteten Kloster direkt an einem kleinen Bach gelegen. Tina sprang gleich mit den Kleidern in den Bach! Um diese Lebenslust hatte ich sie in diesem Moment etwas beneidet.
Am Abend fragten mich Tina und Linda ob ich mit ihnen etwas essen käme. Über den Bach und einige Meter hoch gäbe es doch ein Restaurant. Zudem hätten sie heute eine Frau aus Barcelona zusammen mit ihrem 20-jährigen Sohn kennen gelernt, und der Sohn möchte auch das Fußballspiel sehen. Während dem Abendessen schauten wir das WM-Finale. Im Restaurant hatte es sowohl Italiener wie auch Franzosen. Die Stimmung blieb sehr friedlich, bis zum Schluss. Danach gingen wir zurück in die Herberge.

Montag, 10.07.06, Ribadiso – Santa Irene
Heute war das Tagesziel Santa Irene. Die Herberge Minicipal wurde an diesem Tag gerade neu gestrichen. Man konnte die Zimmer noch nicht beziehen, man bekam aber einen Zettel mit der reservierten Bett-Nummer. Es war ein riesiges Gedränge. Alle Rucksäcke musste man im Erdgeschoss deponieren.
Gegen Abend fragte mich die Frau aus Barcelona, ob ich sie in die Kirche begleiten würde. Die Kirche war dann aber leider geschlossen. Dann gingen wir gemeinsam essen. Während dem Essen erzählten wir uns einiges.
Gegen 22 Uhr konnte man dann endlich die Zimmer beziehen. Da gab es aber auch noch zwei andere Pilger mit derselben Bett-

Nummer wie ich. Einer der beiden warf meinen Rucksack wütend vor's Bett. Ich nahm meinen und suchte mir ein anderes freies Bett. Ich genoss noch mal die vielleicht letzte gemeinsame Nacht zusammen mit vielen anderen Pelegrinos. Es war mir klar, dass mir diese Art von Gemeinschaft in Zukunft fehlen würde.

Dienstag, 11.07.06, Santa Irene – Santiago de Compostela
An diesem Morgen stand ich sehr früh auf. Es war überhaupt das erste Mal, dass ich bereits in der Dunkelheit auf den Weg machte. Die Frau aus Barcelona hatte mir gesagt, dass jeweils um 11 Uhr die Pilgermesse in Santiago stattfindet; da wollte ich unbedingt dabei sein! Zum Glück gab es einige Pilger, die eine Taschenlampe mitführten, und so konnte ich mich in der Dunkelheit daran orientieren, denn der Weg führte zuerst durch einen dichten Wald. Später, auf dem Monte do Gozo, sah ich zum ersten Mal Santiago. Beim Denkmal rief ich Franziska an, um ihr zu sagen, dass ich es schaffen werde. Die Tränen konnte ich dabei nicht mehr zurückhalten!
In Santiago blieb mir sogar noch etwas Zeit für einen Kaffee und ein Stück Torta de Santiago, ein Mandelkuchen. Dann ging ich zur Pilgermesse. Nach der Messe warteten bereits einige Männer und Frauen vor der Kathedrale, welche ihre Zimmer anboten (‚The nicest with the best price'). Ich überlegte nicht lange und ging mit einem Mann mit, der versprach, die Pension befinde sich gleich um die Ecke, was dann auch stimmte! Ich zog meine Kleider aus und ging unter die Dusche. Für einen Moment fühlte ich mich etwas besser.
Am Nachmittag ging ich in die Stadt und auch in ein Reisebüro. Dort hatte ich erfahren, dass die Piloten der Iberia zur Zeit streikten. Es gäbe noch freie Plätze am Donnerstag, mit der Air Berlin über Mallorca, und am Samstag mit der Air Europe direkt nach Zürich. Ich wollte mich noch nicht festlegen. Zurück in der Pension, rief ich zuerst Franziska an und berichtete ihr von den Rückflugmöglichkeiten. Sie und vor allem Elias wünschten, dass ich so schnell wie möglich zurückkomme, also am Donnerstag. Elias freute sich riesig!

Dann entschloss ich mich, mich von meinen Hosen, Sandalen etc. endgültig zu trennen ... loszulassen. Ich ging in die Altstadt mit dem festen Vorsatz, mir neue Kleider zu kaufen. In einer Benetton-Boutica an einem kleinen Plaza probierte ich alles Mögliche an. Doch was mir auf den ersten Blick noch gefiel, fand ich dann angezogen und im Spiegel betrachtet ganz schrecklich. Ja, ich mochte mich nicht ansehen im Spiegel. Jede noch so schöne Farbe verblasste oder ekelte mich. Während diesem Hin und Her vom Regal zur Umkleidekabine, zum Spiegel, wieder zum Regal, war plötzlich meine „Umkleidekabine" besetzt. Ich ging gleich in die nächste. Dabei kam mir in den Sinn, dass meine kleine Umhängetasche mit Geld, Ausweis und Fotokamera noch in der anderen hängt. Ich griff über die Trennwand und zog meine kleine Tasche hinüber. Sie kam mir spürbar leichter vor, und als ich dann nachschaute, fehlte die Fotokamera mit all den Erinnerungen vom Jakobsweg.
Blitzschnell ging ich hinaus und stellte fest, dass diese Umkleidekabine inzwischen wieder frei war. Ich blickte zum Eingang und sah gerade noch, wie eine Frau zurückschaute, während dem sie den Laden verließ. Sofort rannte ich los und dieser Frau hinterher. Nach wenigen Metern hatte ich sie eingeholt. Als ich sie ansprach, kam die Verkäuferin daher gerannt. Ich hatte zu diesem Zeitpunkt immer noch ein unbezahltes T-Shirt übergezogen. Sie verdächtigte mich also des Diebstahls! Eine ganz verzwickte Situation, über welche ich zwar heute immer wieder herzhaft lachen kann. Doch damals war mir überhaupt nicht danach zumute. Zuerst musste ich also der Verkäuferin klar machen, dass ich nichts stehlen wollte, sondern dass ich soeben bestohlen wurde. Und ich vermute, es wäre eben diese Frau, welche mir die Fotokamera aus meiner Tasche entwendet hätte. Diese Frau stritt es aber vehement ab. Ich war bereits mit der Verkäufern wieder auf dem Weg zurück zum Laden, dann kehrte ich nochmals um, ging dieser Frau erneut hinterher und verlangte nun, dass sie ihre Tasche öffnete. Als sie meiner Forderung nicht nachkam, griff ich in ihre Tasche, und da war tatsächlich meine Fotokamera. Die gespeicherten Bilder auf der Digitalkamera konnten dies auch problemlos beweisen. Die Verkäuferin,

die nun bereits wieder neben mir stand, begriff nun, dass ich recht gehabt hatte. Sie verlangte dann von dieser Frau, uns mit zum Laden zu begleiten. So gingen wir also zu dritt abermals zurück in das Geschäft. Dort rief sie die Polizei. Die Frau wurde von dem einen der beiden Polizisten mit dem Auto abgeführt.
Ich musste in Begleitung des zweiten Polizisten zu Fuß auf den Polizeiposten. Wir überquerten die kleine Plaza vor dem Geschäft, auf der gerade ein Straßenkünstler seine Kunststücke vorführte. Unter den vielen Leuten entdeckte ich Tina und Linda. Ich wollte mich ihnen kurz erklären. Doch eine der beiden war sogar in die Vorführung miteinbezogen, was ich nicht bemerkt hatte. Der Künstler hatte natürlich keine Freude, dass ich sein Objekt ablenkte. Für mich war es nun doppelt peinlich.
Da es keine Möglichkeit gab, ein paar Worte zu wechseln, ging ich mit dem Polizisten auf den Posten. Dort musste ich meine Aussage nochmals zu Protokoll geben und unterzeichnen. Dann konnte ich wieder gehen. Zum Glück traf ich dann an diesem Abend in den Gassen nochmals auf Tina und Linda, und so konnte ich ihnen diese Geschichte ausführlich erzählen. Endlich wieder einmal herzhaft lachen, und das zusammen mit Tina und Linda, welche mich auf eine gute Art und Weise auf dem letzten Stück begleitet hatten. Herzlichen Dank! Ich würde sie sehr gerne irgendwann einmal wieder sehen.

Mittwoch, 12.07.06, Santiago
Erst am nächsten Morgen ging ich dann nochmals im Reisebüro vorbei und buchte nun den Rückflug für Donnerstag den 13. 07. 06 über Mallorca. Ich informierte Franziska, und Elias freute sich natürlich riesig. Ziemlich spät an diesem Abend traf ich nochmals die Frau aus Barcelona. Wir setzten uns auf die Treppe hinter oder seitlich der Kathedrale. Sie wünschte mir viel Kraft, und sie sei ganz sicher, dass alles wieder gut werden würde. Sie hatte wirklich recht!

Donnerstag, 13.07.06, Rückflug
Auf dem Weg zum Flughafen kaufte ich mir dann endlich neue Kleider. Die Rückkehr und das Wiedersehen mit meinem Sohn

und Franziska waren zuviel für mich. Ich bin nochmals ganz tief gefallen …
Nach meiner Rückkehr lebte ich noch ca. drei Wochen in meinem Büro und im Zelt. Dann traf ein, was ich immer befürchtet hatte, ich musste wieder zurück in die Klinik. Da verbrachte ich sechs Wochen in der geschlossenen Abteilung und das meistens ganztägig im Bett. Es war der Mittwoch, den 13. September 2006, als ich das Buch „Im Herzen berührt" von Graziella Schmidt las, dann geschah das Unfassbare: Ich war innerhalb von Stunden meine Depressionen los. Der ganze Druck, die große Last, all die dunklen Gedanken war einfach weg. Ich fühlte mich wie neu geboren. Und so ist es heute noch, also etwas mehr als ein Jahr nach dem wunderbaren 13.09.2006.
In Absprache mit den Ärzten machte ich anschließend noch eine mehrwöchige Psychotherapie in der offenen Klinik, welche ich dann am 10. 11. 2006 verlassen konnte. Als ich entlassen wurde, kam mein damals 5-jähriger Sohn auf mich zu, als hätte es Depressionen gar nie gegeben. Ein unheimlich schönes Erlebnis welches mit dem am 13. 09. 06 gleichzusetzen ist. Ein Erlebnis, das ich jedem in einer ähnlichen Situation wünschen mag.
Etwas mehr als ein Jahr danach gibt mir die Tatsache, dass ich den Jakobsweg zu Ende gegangen bin, ein unendlich tiefes Vertrauen, dass ich auch mein Leben zu Ende gehen werde. Ich habe gelernt, das Schicksal, aber auch das Glück, welches mir zufällt, annehmen zu können. Ich weiß, es ist gut für mich, wie es kommt. Dieses unendlich tiefe Vertrauen in jeden neuen Tag ist für mich immer wieder ein Stück Jakobsweg, der mich so also täglich begleitet.
Natürlich war ich auf Grund meiner Krankengeschichte auch für die Ärzte in der Klinik sehr schwierig einzuschätzen. Es war nahe liegend, dass die Vermutung einer bipolaren Störung nicht so leicht von der Hand zu weisen war. Bis zum heutigen Zeitpunkt hat sich dieser Verdacht zum Glück nicht bestätigt.
Ich bin wieder zu hundert Prozent im Alltag integriert und arbeite nach einer Unterbrechung von mehr als einem Jahr wieder wie früher als Bauleiter in meinem eigenen Architekturbüro.

Ich habe bei Max nachgefragt, in wie weit er sein Pilgern auf dem Jakobsweg für seine Gesundung verantwortlich machen würde.

Der Jakobsweg war ganz sicher ein Wendepunkt in meinem Leben und hatte bestimmt einen wesentlichen Anteil für die Heilung meiner Krankheit. Da verlasse ich mich auf auch die Aussage meines Arztes, welcher mir die Worte mit auf den Weg gegeben hatte: „Wenn es ganz meinem eigenen Wunsch/Verlangen entspricht, die Klinik nun zu verlassen, so soll ich nun dieser Spur folgen."
Und damit hat er es genau auf den Punkt gebracht. Ich meine damit, dass alles, was man tut, mit dem Inneren im Einklang stehen sollte. Die Schwierigkeit in der Phase einer Depression besteht jedoch darin, dass man sich dann selber fast nicht mehr spürt. Ja, man verliert sozusagen den Kontakt zu sich und so auch zu seiner Umgebung. Was mich betrifft, hatte ich ganz einfach das große Glück, dass ich das Wenige, das noch spürbar war, richtig wahrnehmen und für mich deuten konnte. Und dank der Unterstützung der Ärzte, in dieser doch schwierigen Phase meines Lebens den richtigen Weg nun gefunden habe. Der Jakobsweg ist für mich täglich präsent. Ich glaube, wichtig ist es immer wieder, erste Schritte zu tun und dazu ist der Jakobsweg geradezu prädestiniert, täglich immer wieder erste Schritte zu tun, Schritte auch ins Ungewisse.
Ich bin überzeugt, es gibt auch Wege mit der Depression. Ich glaube, für mich war es die Einsicht, dass mich all die Erfahrungen mit Depressionen auch reicher gemacht haben. Reich an Erfahrungen! So ist für mich die Depression nicht mehr ausschließlich mit negativen Gedanken besetzt. Die Ursache, welche zu einer Depression führen kann, ist auch eine Form von erhöhter Empfindsamkeit, glaube ich. Diese Empfindsamkeit macht es erst möglich, Dinge zu spüren und wahrzunehmen, welche sonst nicht zugänglich wären. Viele Gespräche mit meinen Mitpatienten bestätigen mir diese Annahme.
Natürlich ist es möglich, an dieser Empfindlichkeit zu leiden, vielleicht sogar daran zu Grunde zu gehen. Doch es besteht auch die Chance, daran zu wachsen und stärker zu werden. Ganz abge-

sehen von dieser Überzeugung, hatte mich die Depression gezwungen, immer wieder Neues auszuprobieren. So flüchtete ich mich ins Kloster, auf die Alp, auf den Jakobsweg und sogar in gewisser Weise auch in die Klinik. Flucht ist nicht der beste Weg, aber wer sich mit Depressionen auskennt, weiß, dass es immerhin für kurze Momente Entspannung bringen kann. Und so öffneten sich immer wieder neue, mir noch unbekannte Räume.

Die Erfahrungen auf dem Jakobsweg deckten diese Art von Flüchten dahingehend auf, dass es nun kein Davonlaufen mehr gibt. Man kann zwar immer mal wieder stehenbleiben, und sogar auch mal einige Schritte zurückgehen. Doch auf dem Jakobsweg geht es ums Weitergehen. Durch das ständige Weitergehen stößt man unweigerlich an seine Grenzen. Meistens sind es zuerst die körperlichen Grenzen.

Mit der Zeit wechselt sich dies dann mit dem gedanklichen Horizont, der sich bemerkbar macht, ab. Durch das tägliche Vorwärtsgehen dehnen sich diese Grenzen immer mehr aus, körperlich und geistig. Langsam, aber bestimmt entdeckt man neue, noch unbekannte Gebiete und Räume. Manchmal wird man geradezu gezwungen, noch etwas weiterzugehen, vielleicht bis zur nächsten Herberge. Dann kann es auch geschehen, dass der Rucksack plötzlich viel leichter erscheint. Die Schritte gehen ohne erkennbaren Grund plötzlich wie von allein. Es fühlt sich wie ein Schweben an, auch ohne daß man jemals in einem Buch über Esoterik geblättert hat.

Mir passierte es immer dann, wenn ich ganz versunken einem Gedanken nachhing. Die kleinste Versuchung, ihn festzuhalten, bedeutete jeweils das Ende dieses Zustandes. Es gibt also kein Festhalten, schon gar nicht einen schönen Augenblick, wenn man ganz nahe bei sich ist. Es gelingt nur ganz ohne Absicht, bei völliger Gelassenheit, wie ein in sein Spiel versunkenes Kind. Also, es ist ganz gut, wenn man etwas von seiner eigenen Kindheit hinüberretten kann! Gelassenheit entsteht dann, wenn man ganz bei sich ist.

Es gibt auch noch eine andere Form der Gelassenheit, welche ich erst in der Klinik gelernt habe, ganz besonders während der Zeit in der geschlossenen Abteilung. Täglich nahm ich Anteil an Menschen, welche sich in ganz besonderen „(Ausnahme-)Zuständen" befinden. Ich bemerkte in mir eine Gelassenheit, mit nicht zu ändernden Realitäten besser umgehen zu können, diese zwar wahrzunehmen, aber auch gleichzeitig geschehen zu lassen, ohne zu werten bzw. ohne abgehärtet oder sogar abgestumpft gegenüber den Mitpatienten zu werden. Dafür bin ich sehr dankbar.

Ich habe gelernt, etwas anzunehmen und dankbar zu sein für das, was im Moment gerade möglich ist. In dieser Form geschieht auch das Annehmen einer Depression, nicht nur als etwas Negatives, sondern mit der kleinstmöglichen Dankbarkeit und natürlich dem Wunsch, dass sie möglichst schnell wieder vorbei geht. Dies allein kann schon helfen, doch vielleicht braucht es dann noch andere Hilfestellungen.
Therapien und Medikamente sind weitere Möglichkeiten, um Depressionen und Krisen zu meistern. Dies setzt voraus, dass man sich einlässt, ohne aber die eigenen Ansprüche zu verleugnen. Zwar ist das Selbstvertrauen, wenn überhaupt, dann nur noch sehr klein vorhanden! Doch auch auf das Kleinste ist dann zu achten. Es geht darum, sich mit sich selbst auseinanderzusetzen, ohne zu werten, die hellen und dunklen Seiten von sich kennen und sich als Ganzes wieder schätzen lernen.
Es ist wichtig, den eigenen Weg zu gehen, mit dem Bewusstsein, dass jeder seinen ganz eigenen Rhythmus hat. Dem nachzuspüren ist eine lebenslange Aufgabe und führt womöglich auch in ein glückliches Hinübergehen. Damit habe ich vielleicht etwas vorweggenommen, was jedem von uns noch bevorsteht.
Im Moment sind wir ja noch hier und so jeder auf seinem eigenen Jakobsweg. Dabei gilt, sich immer mal wieder vom Ballast zu befreien und alles anzunehmen, was zu einem gehört. Jeder von uns hat ganz tief in seiner Mitte eine feine Stimme, die genau weiß, wohin es gehen sollte. Darum ist Lauschen eine schöne und wertvolle Form des Gebets, um es dann geschehen zu lassen.
Ich bin mir der Möglichkeit einer weiteren Depression jederzeit bewusst. Es ist wie ein See vor dem Zufrieren. Die Eisschicht, die sich bilden möchte, ist also ähnlich einer Depression. So lange die

Eisschicht noch dünn ist, lässt sie sich noch mit wenig Kraftaufwand immer wieder aufbrechen. Doch lässt man das Eis dicker und dicker werden, reicht dann irgendwann die Kraft nicht mehr, diese Eisschicht nochmals zu durchbrechen. Man wird immer mehr zum Gefangenen im Eis und der Depression. Durch die dicke Eisschicht erscheint die Realität meistens verzerrt. Der Kontakt bricht ab. Man kämpft sich dann alleine von der einen Luftblase zur nächsten, immer mit der Angst, es könnte wohl die letzte sein. Irgendwann reißt dann die Verbindung endgültig ab. Glück, wenn noch Menschen in der Nähe sind, die an einen glauben. Menschen, welche die Distanz, die man ausstrahlt, ausblenden können und für eine Weile einen Hauch von Wärme und Zuneigung gewähren.
Inzwischen ist es mir bereits gelungen, über längere Zeit meine/n See(le) eisfrei zu halten. Der Grund liegt im Wellen machen, Wellen in möglichst viele Richtungen, sich bewegen, Neues ausprobieren, aber auch bereits abgebrochene Kontakte wieder beleben, sie zu pflegen und natürlich neue Beziehungen einzugehen ... Wellen haben zudem die Fähigkeit, wenn sie einmal ausgelöst sind, sich selbstständig zu machen, und ab und zu kehren sie dann wieder zurück. Also man braucht gar nicht all die Energie allein aufzubringen für die Wellen, die dann entstehen. Es reicht manchmal, nur eine ganze kleine Welle zu machen, welche dann als große wieder zu einem zurückkehrt.
Die täglichen Anstrengungen, Wellen zu machen, sind um einiges geringer als nur schon dünne Eisschichten wieder aufzubrechen zu müssen. Und es macht wirklich Spaß, Wellen zu machen und diesen dann achtsam zu folgen. Es ist eine Form von Anzunehmen und Mitzureiten auf den Wellen des Lebens. Manchmal wird man richtig herumgewirbelt und dann wieder an Land gespült.
Ich hoffe, dass inzwischen auch bereits einige Wellen, welche ich seit dem 13.09.2006 auslöst habe, für andere spürbar geworden sind. Einige sind schon wieder zurückgekommen und andere sind vielleicht immer noch unterwegs. Auch ein gutes Zeichen, meine ich, denn durch den Jakobsweg habe ich wieder Vertrauen gefasst, was es bedeutet „unterwegs zu sein". Es ist ganz einfach unser Leben.

Abschließend möchte ich allen danken, die ihren Anteil dazu beigetragen haben, dass ich nun dieses intensive und herrliche Lebensgefühl wieder voll auskosten kann: Meinem Sohn Elias, meiner Partnerin Franziska, meiner gesamten Familie, meinen Freunden, meinen Therapeuten und all meinen Wegbegleitern und natürlich Graziella. DANKE!

Resüme

Ich weiß nicht, ob mich die Etappen auf dem Jakobsweg gläubiger oder religiöser gemacht haben oder ob ich dadurch ein besserer Mensch geworden bin. Aber irgendwie haben die täglichen Kirchgänge, die Segnungen, die Begegnungen mit gläubigen Menschen mich im Innern verändert. Ich finde noch keine aussagekräftige Worte dafür, bin noch auf der Suche, aber es bewegt sich etwas. Es liegen noch zwei Jahresetappen vor mir; alles braucht eben seine Zeit.

In all den Jahren, in denen ich auf den Jakobuswegen gepilgert bin, hat sich mein Leben fast komplett geändert. Ich bin der Überzeugung, dass alles zu meinem Besten geschehen ist, auch wenn ich tiefe emotionale Täler durchschreiten musste. Meine Achtung, Wertschätzung gegenüber der Natur hat reichlich zugenommen. Seit einigen Jahren schaue ich kein Fernsehen mehr und gehe stattdessen lieber wandern, höre Radio oder lese Bücher.

Insgesamt hat mich das Gehen auf dem Jakobusweg sicherlich reifer gemacht. Ich glaube daran, dass mir dieser Weg meine Schwächen und Stärken offenbart und ich dadurch die Möglichkeit habe, die gewonnenen Erkenntnisse auch in meinem Leben zu integrieren.

Meine Lebensfreude ist ausgeprägter denn je, mein Lachen zurückgekehrt. Ich weiß, dass ich für mein Glück selber sorgen kann, und so habe ich mir angewöhnt, besonders in weniger guten Zeiten, die glücklichen Momente, die im Laufe des Tages geschehen, abends aufzuschreiben. Ich habe gelernt, die Verantwortung für mein Leben zu übernehmen und besser auf mich und meine Bedürfnisse zu achten.

Inzwischen kann ich mir gar nicht mehr vorstellen, meine Urlaube anderswo zu verbringen als zu Fuß auf irgendeinem Jakobusweg. Ich bin noch nicht angekommen, weder in Santiago, noch in Finisterre, noch ganz bei mir selber, aber ich weiß, ich bin auf einem guten Weg. So in etwa möchte ich meine momentane Lebenssituation nach fünf Etappen auf dem Jakobsweg in einem

Satz beschreiben. Der Weg ist das Ziel – so empfinde ich es. Und gleichzeitig sehne ich mich danach, im Leben endlich meinen Platz zu finden und auch dort anzukommen.

Tipps für werdende Pilger

Anika
„Gib niemals auf, es sei denn die körperliche Verfassung lässt es wirklich nicht zu, z. B. wenn eine Sehne gezerrt ist usw."

Annemarie
„Gehe zu Fuß, plane keine festen Tagesetappen. Lass dann alles auf Dich zukommen – es wird sich alles so fügen, wie es für Dich am besten ist."

Irmgard, Hans und Walter
„Nimm nicht zu viel Gepäck und zu viel zum Essen mit."

Renate
„Geh einfach los mit Neugier, Geduld und der Bereitschaft, den Weg und sich selbst anzunehmen, wie es kommt."

Hanna
„Sei mindestens eine Woche unterwegs, besser noch länger. Bereite Dich gut vor bzgl. Strecke, Ausrüstung, Sehenswertes."

Regula
„Wenn jemand Lust hat, soll er gehen: es ist auf jeden Fall eine Erfahrung wert, wie auch immer diese Erfahrung sein wird. Ich empfand es stets als Privileg, Zeit, Geld, Gesundheit, Mut, Motivation etc. haben zu dürfen, um auf diesem Weg zu sein!"

Günter und Klaus
„Nimm Dir Zeit. Starte nicht schon mit dem Flugschein für den Rückflug; dies sorgt nur für unnötigen Terminstress unterwegs."

E. aus Karlsruhe
„Vertraue Dich dem Weg an, höre auf Deine innere Stimme, ganz tief im Innern schlummert das, was uns Kraft gibt: Wir müssen nur genau hinschauen und genau hinhören, zuhören und anhören."

Franz
„Trainiere vorher mit Gepäck und informiere Dich ausreichend über alle verfügbaren Quellen. Nimm gut eingelaufene Schuhe mit und leichte solide Kleidung. Halte Augen und Ohren für alles offen."

Peter
„Wichtig ist es erst einmal den Anfang zu wagen, jeder kann dann auf seine Art den Weg beschreiten, sei es in der Gruppe oder allein. Aufgeschlossenheit und Freundlichkeit ebnet auch im Ausland den Weg und verhilft zu erlebenswerten Begegnungen (und einigen Sprachkenntnissen!) Auf dem Weg sollten die kulturellen und (wenn gewünscht) spirituellen und religiösen Möglichkeiten ausgeschöpft werden, jeder Tag wird dann zu einem einmaligen Erlebnis."

Johann
„Höre auf Dein Inneres, lass Dich nicht von gut gemeinten Ratschlägen leiten. Gehe einfach los – Du wirst behütet und bekommst das, was Du brauchst, dann, wenn Du es brauchst."

Thomas
„Keine. Die Packlisten in den Führern und im Internet sind ausreichend. Am ehesten, dass man sich keine Tipps geben lassen soll. Jeder sollte seinen Weg selbst bestimmen und machen."

Gerhard
„Wenn Du das Gefühl verspürst, diesen Weg gehen zu müssen – geh! Solltest Du diese Gelegenheit verpassen, wirst Du es Dein Leben lang bereuen."

Edeltraud
„Hab Vertrauen zu Dir selbst und versuche, den eigenen Weg zu gehen."

Ulrike
„Bleib in Deinem eigenen Rhythmus. Habe keine großen Erwartungen, damit sich der Weg vor Dir entfalten kann."

Stefan
„Ich empfehle, sich 40 Tage Zeit zu nehmen. Das ist schon in der Bibel ein Zeitraum mit besonderer Bedeutung (Moses am Berg Sinai, Jesus in der Wüste, das Fasten ...) Ich habe erkannt, dass es tatsächlich so lange dauert, bis die Erfahrungen in jede Körperzelle gesickert sind. Du brauchst Dich nicht vorbereiten. Ob Du „durchkommst" oder nicht, wird nicht durch Geschlecht, Alter oder Kondition bestimmt, sondern durch Deine Geisteshaltung, Dein Gottvertrauen. Gehe los und stelle Deine Antennen auf Empfang! Alles andere ergibt sich von allein."

Hugo
„Bereite Dich schon Monate darauf vor, denn die Vorfreude ist riesig und die Erfahrung auf dem Weg überwältigend."

Regine
„Trau Dich auch allein, als ältere Frau, mit evtl. körperlichen Einschränkungen, den Weg zu gehen."

Hannelore
„Auch beim Gehen von kürzeren Etappen (ein bis drei Wochen) kann man wertvolle Erfahrungen sammeln; reduziere Dein Gepäck und bereite Dich sprachlich vor."

Nils
„Die Ausrüstung ist gar nicht so wichtig. Pilgern ist Langsamkeit und Einfachheit. Verzichtet auf Pensionen und aufs Essengehen, es ist kein normaler Urlaub."

Anonym
„Egal, was auf Dich zukommt, sag niemals Nein!"

Brigitte
„Lass alles auf Dich zukommen und sei offen für alle Menschen."

Friedhelm
„Geh los und schau nie zurück."

Fred
„Gehe Deinen Weg so, wie Du kannst."

Max
„Ich möchte Euch ermuntern, der eigenen Spur zu folgen, um so möglichst unvoreingenommen all die vielen Eindrücke, welche der Jakobusweg bietet, ganz persönlich zu erfahren und auf sich ein- und nachwirken zu lassen."

Die 10 Geh-Bote für Pilger

1. Geh! Es gibt fürs Pilgern kein besseres Fortbewegungsmittel als das Gehen. Nur Gehen! Darum geht es.

2. Geh langsam! Setz Dich nicht unter unnötigen sportlichen Leistungsdruck. Du kommst doch immer nur bei Dir selber an.

3. Geh leicht! Reduziere Dein Gepäck auf das Nötigste. Es ist ein gutes Gefühl, mit wenig auszukommen.

4. Geh einfach! Einfachheit begünstigt spirituelle Erfahrungen, ja sie ist sogar die Voraussetzung dafür.

5. Geh alleine! Du kannst besser in Dich gehen und offener auf andere zugehen.

6. Geh lange! Auf die Schnelle wirst Du nichts kapieren. Du musst tage-, wochenlang unterwegs sein, bis Du dem Pilger-Weg allmählich auf die Spur kommst.

7. Geh achtsam! Wenn Du bewusst gehst, lernst du den Weg so anzunehmen, wie er ist. Dies zu begreifen, ist ein wichtiger Lernprozess und braucht seine Zeit.

8. Geh dankbar! Alles – auch das Mühsame – hat seinen tiefen Sinn. Vielleicht erkennst Du diesen erst später.

9. Geh weiter! Auch wenn Krisen Dich an Deinem wunden Punkt treffen, geh weiter. Vertraue darauf: Es geht, wenn man geht.

10. Geh mit Gott! Es pilgert sich leichter, wenn Du im Namen Gottes gehst. Wenn Gott für Dich in weite Ferne gerückt ist, könnten Dir die Geh-Bote (siehe oben) helfen, das Göttliche in Dir wiederzuentdecken.
(Bruno Kunz)*****

Kreuzgang Moissac

Danksagung

Ich danke allen, die mich bei diesem Buchprojekt unterstützt haben. Ich danke meiner Schöpferkraft, die mir das Wissen und die Kraft gab, niemals aufzugeben und für die vielen guten Fügungen in meinem Leben. Ich danke meiner Familie, meinen Freunden und Wegbegleitern.
Ich danke dem Weg für all seine Lehren.

Ultreia!

Ein herzliches Dankeschön geht auch an alle Jakobusgesellschaften, die meinen Fragebogen an ihre Mitglieder weitergereicht bzw. das Buchprojekt in ihre Homepage miteingebunden haben. Im Besonderen: Gerhilde Fleischer, die mir von Beginn an Mut gemacht hat, den Weg als allein pilgernde Frau zu beschreiten; Dieter Sawinsky, Gründer des Jakobuspilgerstammtisches in Schlammersdorf (bei Hallerndorf); Manfred Zentgraf, Spezialist für Bücher über den Jakobsweg: www.jakobuspilger-zentgraf.de; Herr Dudle, Schweizer Jakobsgesellschaft: www.Chemin-de-stjacques.ch; Fränkische Jakobsgesellschaft, Würzburg: www.jakobusgesellschaften.de; Fr. Zeiher, Ökumenischer Jakobsweg: www.oekumenischerpilgerweg.de; Stiftung Haus St. Jakobus, Oberdischingen: www.haus-st-jakobus.de/Haus/h_index.php; Frau Veronika Schwarz, Badische St. Jakobusgesellschaft, Breisach-Oberrimsingen: www.badische-jakobusgesellschaft.de; Frau Birgit Neumann-Becker, St. Jakobus Gesellschaft Sachsen-Anhalt e. V. www.jakobusweg-sachsen-anhalt.de/; Stefan: „Gespräche mit Nathalie – Über den Jakobsweg, Gott und die Welt“ – das Buch kann über nachfolgende Homepage bestellt werden: www.stefancamino2007.de.vu.

Eine unschätzbare Hilfe war mir mein Pilgerbruder Heribert Heisele, der mich tatkräftig bei der Korrektur des Manuskriptes unterstützt hat.

Quellenangaben

Dr. Martin Schulte-Kellinghaus, Lörrach (© Umschlagfoto): www.schulte-kellinghaus.de

* Original von Antonio Machado: Poesías completas, Espasa-Calpe S.A., Madrid (1969). Übersetzung von Barbara Haab in „Weg und Wandlung", Zur Spiritualität heutiger Jakobspilger und -pilgerinnen; Universitätsverlag Freiburg, Schweiz, S. 236)

** Elli Michler: „Ich wünsche dir Zeit" Die schönsten Gedichte von Elli Michler, © Don Bosco Verlag, 4. Auflage: München 2008. www.ellimichler.de

*** Urheberrechte konnten leider trotz Bemühungen nicht ausfindig gemacht werden.

**** Botho Strauß: Die Widmung. Eine Erzählung; © 1977 Carl Hanser Verlag, München

***** © Bruno Kunz: www.sinnwaerts.ch